KB264929

아들아 머뭇거리기에는
인생이 너무 짧다 5

민주시민

강헌구 지음

HANEON.COM

아들아 머뭇거리기에는
인생이 너무 짧다 5

민주시민

펴 냄   2007년 7월 1일 1판 1쇄 박음 | 2007년 9월 20일 1판 2쇄 펴냄
지은이   강헌구
펴낸이   김철종
펴낸곳   (주)한언
          등록번호 제1-128호 / 등록일자 1983. 9. 30
주 소   서울시 마포구 신수동 63-14 구 프라자 6층(우 121-854)
          TEL. 02-701-6616(대) / FAX. 02-701-4449
책임편집   임경란, 최선혜, 백진이, 장선희
디자인   한언디자인팀
홈페이지   www.haneon.com
e-mail   haneon@haneon.com
          저자와의 협의하에 인지생략

ISBN 978-89-5596-430-1   03320

아들아 머뭇거리기에는
인생이 너무 짧다 5

민주시민

성공보다 먼저 성숙을 꿈꾸는 너,
아들아, 난 너만보면 기분이 좋아진다.

내 자랑스런 아들에게

아버지가

풍요를 넘어 아름다움으로 : 미래 한국의 메인스트림

경제성장이 모두의 목표였던 시절,

먹고 사는 게 가장 중요했던 시절,

그 시절의 부모들은

아이들이 밖에 나갔다가 남에게 얻어 맞거나 빼앗기고 들어오면

머리를 쥐어박으며 타박을 주었습니다.

한국의 눈부신 경제성장에 전 세계가 놀라게 된 때,

먹고 사는 문제가 어느 정도 해결된 이후,

아이들이 남에게 신세를 지거나 피해를 주면

벌을 주는 부모들이 부쩍 늘어났습니다.

2002년 월드컵의 열기가 한국을 뜨겁게 달구고

전 세계가 '지구촌'이란 한 마을이 되어가면서부터는

어려움에 빠진 친구를 외면하거나 멀리하면

꾸지람하는 부모들이 나타나기 시작했습니다.

나의 성취와 나의 행복을 위해서는

너의 평온과 너의 성공,

모두의 미소가 필수적인 요소가 되고 있습니다.
지식, 재능, 기술, 관리능력, 감각, 정보, 뚝심, 끈기, 재치,
또는 최고, 목표, 지략 같은 것만으로는
충분하지 않습니다.

그런 것들과 함께
스스로 참여하고,
헤아리며 공존하려 하고,
지킬 것은 지키며,
옳으면 받아들이고,
불의엔 저항하고,
분명한 자기주장이 있는 것,
이런 덕목들이 더 중요한 키워드가 되고 있습니다.
나를 위한 비전과 성공, 건강도 좋습니다.
하지만 나는 혼자가 아닙니다.
성공보다 먼저 성숙을 꿈꾸는 것,
그것이 곧 더 큰 행복으로 돌아오게 됩니다.

이런 흐름이 21세기 한국의 큰 줄기, 메인스트림입니다.
이런 흐름이 한국의 메인스트림이 되기를 바라는 마음으로
이 책을 만들었습니다.

-2007년 여름, 강헌구

1부 스스로 참여한다

"내 두 눈을 눈은행에 맡기고 싶어요!" 22
민주시민 : 작은 실천으로 큰 물결을 일으키는 사람들

"자전거는 샤르멘에게 주고, 로디에게는 그림 상자를 주세요. 친구들이 제 무덤에 찾아오고 싶어 하면 길을 가르쳐주세요. 아빠에게는 기도 책과 돼지 저금통을, 엄마에게는 목욕용 소금을 드릴게요. 그리고 내 두 눈을 눈운행에 맡기고 싶어요. 빨리 눈은행에 연락해 주세요!"

"단돈 만 원으로 한 생명의 꿈을 가꿔줄 수 있답니다" 26
민주시민 : '너'를 헤아리다 '나'도 행복해지는 사람들

헬가와 편지를 주고받으며, 코니는 자신에게 닥친 비극들이 하잘 것 없는 것임을 깨닫게 되었습니다. 과거를 잊고 싶어서 사진을 모두 태웠던 코니는 참으로 오랜만에 누군가를 위해서 카메라 앞에 섰습니다.

"죽는 줄 알면서 왜 손을 들었니?" "친구니까요!" 29
민주시민 : 고통당하는 이웃을 위해 무엇이든 선뜻 내어주는 사람들

"아니야! 죽는 게 아니야. 절대 안 죽어. 조금만 참아, 응?" 순식간에 소년의 얼굴이 밝아졌습니다. 간호사가 소년의 손을 꼭 쥐어주었습니다. "그런데… 죽는 줄 알면서 왜 손을 들었니?" 간호사가 물었습니다. "친구니까요."

역사라는 수레를 밀어가는 즐거움 32
민주시민 : 한 사람의 큰 힘보다 많은 사람의 작은 힘을 모으는 사람들

"그라시아스, 그라시아스!" 36
민주시민 : 도움을 청하는 이웃을 빈손으로 돌려보내지 않는 사람들

5박 6일의 엑소도스 40
민주시민 : 누군가가 나서야 할 일이라면 '내가 먼저' 나서는 사람들

오늘을 지켜낸 내일의 시민들 46
민주시민 : 그 자격에 나이 제한은 없다

한 표 차이, 독일어가 미국 국어가 되지 못한 이유   49
민주시민 : '내가' 던지는 한 표의 위력을 아는 사람들

2부   헤아리며 공존한다

나는 5초, 휠체어는 2분   60
민주시민 : 함께 가기 위해 조금 기다려주는 사람들

휠체어를 탄 여성은 혼자 힘으로 버스에서 내렸습니다. 도와주는 사람도, 시간이 걸렸다고 짜증내는 사람도 없었습니다. '나는 버스에서 내리는 데 5초 걸리는 사람이고, 휠체어를 탄 저 여성은 2분 걸리는 사람이다.' 그들은 단지 그렇게 생각하는 것 같았습니다.

나눔의 추수감사절 식사   63
민주시민 : 냉정하면서도 따듯한 개인주의자들

정작 자신은 한 입도 먹지 못했지만 올드맨은 배가 고프지 않았습니다. 토미가 말했습니다. "추수감사절 식사를 차려준 올드맨에게 박수를 보내자!" 그러나 어리둥절해진 올드맨이 말했습니다. "어? 오늘이 추수감사절이었어? 난 그것도 몰랐네."

조안 서덜랜드의 감동의 아리아   67
민주시민 : 남과 보조를 맞추기 위해 한 발 물러서는 사람들

청중들의 기대와 달리 약하고 작은 소리로 노래를 부른 조안 서덜랜드는 런던 오페라에 전설로 남게 되는 열광적인 기립박수를 받았습니다. 그것은 자신의 실력을 뽐내기보다 조화를 배려한 조안 서덜랜드의 마음을 청중이 공감했기 때문입니다.

방글라데시에서 온 까무잡잡한 아이   71
민주시민 : 나와 다르다고 하여 멀리하지 않는 사람들

여왕폐하의 반대당   75
민주시민 : 소수파에게도 설 자리를 내주는 사람들

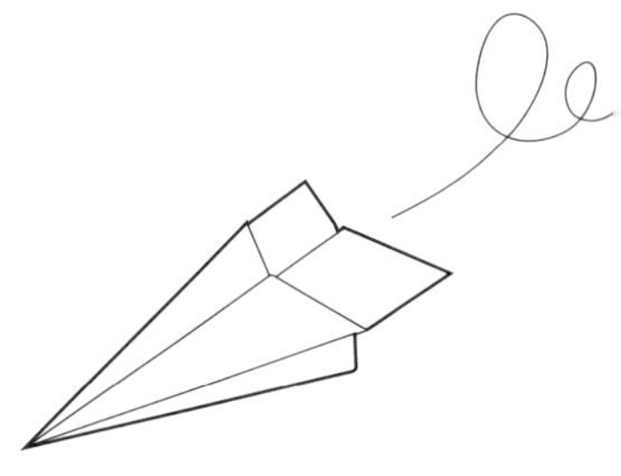

먹여서는 안 되는 음식? 78
민주시민 : 똘레랑스를 실천하는 사람들

"마, 이 호박만 다쳐봐라. 너그 교회는 끝장난데이" 82
민주시민 : 너를 인정함으로써 나를 자리매김하는 사람들

아름다운 게시판 86
민주시민 : 외로운 이웃에게 말을 거는 사람들

가짜 제자와 진짜 스승 89
민주시민 : 넓은 아량으로 실수를 덮어주는 사람들

"뺨을 때려줘서 감사합니다" 94
민주시민 : 누구든 동등한 인격체로 대우해 주는 사람들

3부 분명한 자기주장이 있다

세상에서 가장 비겁한 의견 104

민주시민 : 중요한 일에 대해선 분명한 자기주장이 있는 사람들

"내가 손해 본다고, 하지 말라고 그렇게 말했는데 내 말을 안 듣더니 이렇게 됐잖아요?" 참다못한 판매부장과 생산부장이 소리쳤습니다. "최 부장님 정말 너무하신 것 아닙니까? 최 부장님이 언제 무슨 주장을 했단 말이오? 그저 우리 의견에 맞장구만 치셨잖아요!"

"그 친구가 초를 치는 바람에…" 108

민주시민 : 뒷구멍에서 이러쿵저러쿵하지 않는 사람들

"아니야, 김 대리 때문에 완전히 망친 거야." 그러자 박 팀장이 불쾌한 표정을 지으며 말했습니다. "난 사실 사장님이 특별휴가 이야기를 꺼내시는 순간 휴가비가 아니라 월급의 2배를 달라고 주장할 참이었는데, 그 친구가 초를 치는 바람에 김 샜지 뭐야!"

"내일 지구에 종말이 온다 해도 나는 오늘…" 112
민주시민 : 협박과 회유를 신념으로 이겨내는 사람들

과학 소년 파인만이 눈물을 흘린 이유 116
민주시민 : 석연치 않으면 의문을 제기하는 사람들

아리스토텔레스를 이긴 사나이 120
민주시민 : 맹목적인 권위주의를 거부하는 사람들

4부 옳으면 받아들인다

"듣고 보니 네 말이 옳구나. 내가 잘못 생각했다" 132
민주시민 : 누구의 말이든 옳으면 받아들이는 사람들

"오늘 난 여우는 놓쳤지만 저 꼬마 때문에 아주 중요한 것을 알게 됐구나. 자! 가자!" 웰링턴은 말고삐를 바짝 쥐며 이내 발길을 돌렸습니다. 문틈으로 그의 뒷모습을 바라보던 소년이 중얼거렸습니다. '아, 저 사람은 진짜 장군이로구나!'

"그토록 거세게 반대하던 사람이…" 136
민주시민 : 토론을 생산적으로 완결 짓는 사람들

다음날 오전 A위원은 놀라운 소식을 들었습니다. 바로 전날 그렇게 반대했던 E위원이 가장 먼저 평생회비 50만 원을 입금했다는 것입니다. "어제는 내가 좀 흥분을 했던 모양입니다. 하지만 일단 결정된 것은 따라야겠다는 생각에…. 결정된 이상 현명하게 잘 해봅시다!"

건축천재 가우디가 몰랐던 아치의 의미 140
민주시민 : 모르면 체면을 버리고 배우는 사람들

상류로 떠내려간(?) 시신 144
민주시민 : 우열을 가리는 것이 아니라 부족함을 채우는 사람들

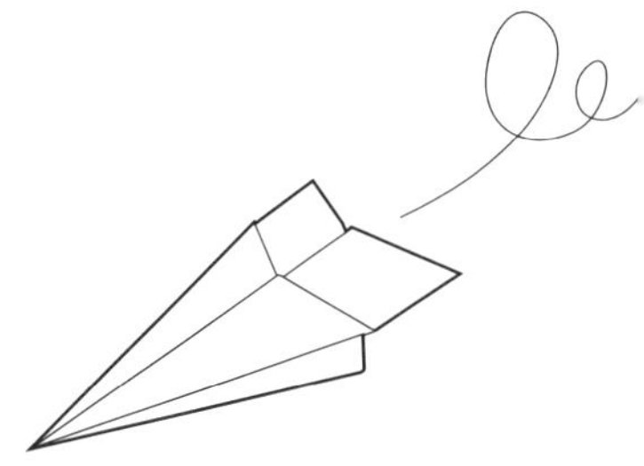

쇼팽의 열린 마음   147

민주시민 : 비판의 소리에 귀를 기울이는 사람들

노자와 장자의 앙상블   151

민주시민 : 나부터 틀릴 수 있다고 말하는 사람들

그들은 왜 운동화를 신었을까?   156

민주시민 : 상대방의 입장이 되어보는 사람들

낙태에 대한 찬성과 반대의 공통기반   161

민주시민 : 차이점보다 공통점에 더 집중하는 사람들

5부   지킬 것은 지킨다

감히 임금의 사촌에게 포승줄을?   172

민주시민 : 힘보다 법을 앞세우는 사람들

"그대가 진정 야속하오. 죄를 지었지만 이백온은 내 사촌동생이오. 어찌 다른 죄인들과 똑같은 취급을 한단 말이오?" "이백온은 죄 없는 자를 살해하고 잘못을 뉘우치지도 않았습니다. 그대로 두었으면 전하의 사촌이라는 것을 방패로 더 큰 죄를 지었을 것이옵니다."

"취재원을 밝히느니 차라리 내가 벌금 물고 옥살이를 하련다"   176

민주시민 : 사회적 약속을 저버리지 않는 사람들

그러나 파버는 취재원과의 사회적 약속을 지키기 위해 취재노트의 제출을 거부했습니다. 명령을 거부한 파버는 40일간 옥살이를 하고, 하루에 5천 달러 벌금을 냈습니다. 온 미국은 비밀을 보호한다는 사회적인 약속을 끝까지 지켰던 파버 기자의 기자 정신에 감동했습니다.

“난 삼진 먹었어, 이번주에 5천 개의 스윙을 할 거야” 179
민주시민 : 말이 아니라 행동으로 책임을 지는 사람들

물론 열심히 연습했어도 경기에서 삼진 아웃을 당할 수 있습니다. 그럴 때 투수나 방망이, 불운을 탓하는 것은 책임을 지는 것이 아닙니다. 그 대신 나는 다음에는 좀더 잘하겠다는 결의 아래 백 번이고 천 번이고 참을성 있게 공을 노려보며 스윙연습을 합니다.

“아빠, 오늘은 제가 졌어요. 멋진 승리 축하드려요!” 183
민주시민 : 게임의 규칙을 지키는 사람들

“처칠 수상이고 뭐고 일단 돈부터 챙기고…” 186
민주시민 : 자기와의 약속을 지키는 사람들

1＋3＋10＝자제력 189
민주시민 : 감정을 자제할 줄 아는 사람들

“이런 사람들을 원합니다” 192
시민 : 교양과 품위를 지키는 사람들

6부　불의에 저항한다

“네가 그 악명 높은 시몬느 베이유?” 204
민주시민 : 약자를 편들고 함께 호흡하는 사람들

시몬느 베이유는 철학교수로 안정된 생활을 할 수 있었지만, 가난으로 고통 받는 사람들을 외면할 수 없어서 스스로 노동자의 길을 걸었습니다. 그녀는 폐결핵으로 오랫동안 고생했습니다. 그러나 노동자들이 받지 못하는 치료를 자기만 받을 수 없다며 치료를 거부했습니다.

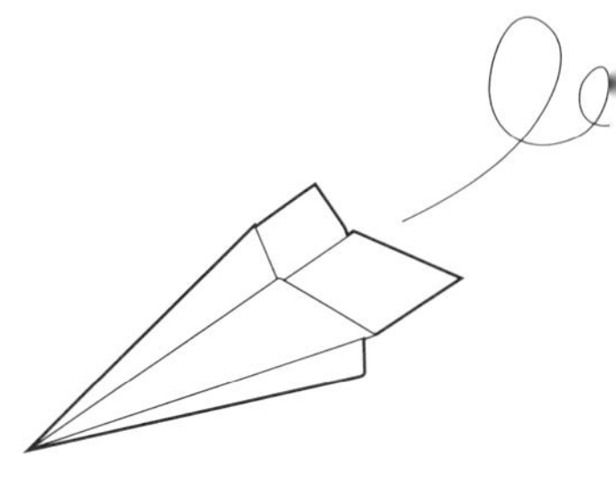

"우리 취재진은 광주에 들어가는 데 성공했습니다!" 208
민주시민 : 왜곡된 진실을 널리 알리는 사람들

힌츠 페터는 광주로 다가갈수록 상황이 훨씬 심각하다는 것을 알았습니다. 탕탕 총소리가 들리고 사람들은 "싸우다 죽자!"고 절규했습니다. 그는 이를 악물고 카메라를 눌렀습니다. 푸른 눈의 이방인은 진실을 기록하고 그것을 누군가에게 알리기 위해 목숨을 다했습니다.

"여자들은 집에 가서 밥이나 해!" 212
민주시민 : 잘못된 제도를 고치기 위해 몸을 던지는 사람들

"그래요. 우리는 이 나라를 이끌어갈 아이들을 낳는 사람이에요. 또 한 사람의 시민으로 사회를 위해, 가정을 위해 열심히 일하죠. 당신들이 대통령을 뽑는 것처럼 나도 내 손으로 직접 나의 대통령을 뽑을 권리가 있어요. 이건 헌법에도 보장된 우리의 권리이자 의무에요!"

"앞 줄 검둥이 다 일어서!" vs "못해" 216
민주시민 : 부당한 억압에 당당히 맞서는 사람들

호세 리잘, 그가 돌아서서 총을 맞은 이유 220
민주시민 : 침략자에게 굴복하지 않는 사람들

이문옥 감사관, 그가 양심선언을 함으로써… 225
민주시민 : 은폐된 비리를 고발하는 사람들

"여기, 세상에서 가장 잔인한 잔치가 벌어지고 있다" 229
민주시민 : 구조적 모순을 지적하고 비판하는 사람들

레인메이커 233
민주시민 : 악덕기업의 횡포를 막아내는 사람들

스스로 참여한다 01

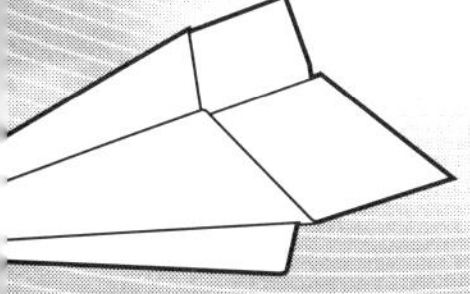

잘못된 제도를 고치기 위해 노력하는 사람들에게 "저도 찬성입니다, 힘내세요!"라는 한 줄의 메시지를 보내는 것, 전쟁으로 부모를 잃은 외국의 고아들에게 한 달에 1천 원씩이라도 보내는 것, 일본 대사관 앞에서 '독도는 우리 땅'이라고 쓴 피켓을 들고 서 있는 것, 굶주린 북녘동포를 위해 한 줌의 쌀을 내놓는 것, 시청률 높이기에만 급급하여 선정적인 화면을 내보내는 방송국에 전화를 걸어 항의하는 것, 이런 모든 행위들을 우리를 '참여'라고 부릅니다.

신념을 가지고 작은 참여를 실천하는 한 사람 한 사람의 힘이 모여 세계를 바꾸어놓을 수도 있습니다. 하지만 '나 하나쯤이야' 하는 생각으로 입을 다문 채 가만히 있으면, 자기가 바라는 것과는 거리가 먼 사회적 불행을 불러오게 됩니다. 참여하지 않는 것은 결국 사회를 파괴하는 것과 다름없습니다.

직업이나 재산, 나이 등과는 아무런 상관없이, 어려움에 빠진 사람과 고통받고 있는 사람들을 위해 따뜻한 손을 내미는 일에 참여할 권리와 의무가 있습니다. 당장 나 자신에게 이익을 주지 않는 일이라 해도, 때로는 약간의 희생을 요한다 해도, 옳다고 생각하는 일에는 적극적으로 가담해야 합니다.

참여는 자기 성숙의 촉진제입니다.

"내 두 눈을 눈은행에 맡기고 싶어요!"

민주시민 : 작은 실천으로 큰 물결을 일으키는 사람들

여덟 살 제니스는 텔레비전에서 우연히 '눈은행'에 관한 뉴스를 보았습니다. 한 젊은 어머니가 사고로 죽은 아들의 눈을 다른 사람에게 물려주어 한 사람의 맹인에게 새로운 세상을 되찾게 해주었다는 내용이었습니다. 리포터는 많은 눈먼 사람들이 각막 이식으로 밝은 세상을 다시 볼 수 있게 되었다고 말했습니다. 아들의 눈을 기증한 어머니는 "죽은 아들이 아직도 이 세상에 살고 있는 것 같은 느낌이에요"라며 감격스럽게 이야기했습니다.

제니스는 충격에 가까운 감동을 받았습니다. 그녀는 오랫동안 혼자 앉아 깊은 생각에 잠겨 있다가 주방으로 달려갔습니다.

"엄마, 나도 죽을 때 내 눈을 '눈은행'에 기증할래요. 세상에는 도움을 받아야 할 사람들이 너무나 많은 것 같아요. 좀 더 많은 사람들이 앞 못 보는 사람들에게 눈을 물려주었으면 좋겠어요."

이 말을 들은 엄마는 깜짝 놀랐습니다. 잠시 생각에 잠긴 엄마는 이렇게 이야기해 주었습니다. "네 뜻은 잘 알겠지만, 너처럼 조그만 아이가 혼자 결정하기에는 너무나 중대한 문제인 것 같구나. 네가 조금 더 큰 다음에는 마음이 달라질지도 모르잖니?"

그로부터 두 달이 채 못 되어, 제니스에게 안타까운 변화가 왔습니다. 갑자기 생기를 잃었고 잠시만 뛰어놀아도 지치고 쉽게 피곤해했습니다. 제니스는 백혈병이라는 진단을 받았습니다.

그때부터 2년 동안 제니스는 무서운 병과 사투를 벌여야 했습니다. 하지만 병은 점점 깊어만 갔고, 결국은 가망이 없다는 이야기를 듣게 되었습니다. 제니스는 곁에 앉아 망연자실 눈물만 흘리는 부모님에게 힘없이 웃음을 지었습니다.

"자전거는 샤르멘에게 주고, 로디에게는 그림 상자를 주세요. 그리고 하느님의 은총을 받아야 할 아이들을 위해 기도해 주세요…. 친구들이 제 무덤에 찾아오고 싶어 하면, 길을 가르쳐주세요. 아빠에게는 내 기도 책과 돼지 저금통을, 엄마에게는 목욕용 소금을 드릴게요. 그리고… 참! 내 두 눈을 눈은행에 맡기고 싶어요. 빨리 눈은행에 연락해 주세요!"

'눈은행'이라는 말을 내뱉는 순간, 제니스의 눈이 애처롭게 반짝였습니다. 부모님은 물론, 그곳에 있던 의사와 간호사들의 눈시울도 붉게 물들었습니다. 자신의 일생이 열 살에 마감될 수밖에 없다는 것과 눈은행에 가야 할 날이 채 일주일도 남지 않았다는 것을 알게 된 소녀가 유언을 남기는 장면이었습니다.

제니스의 부모님은 한참 동안 의논을 했습니다. 생명이 꺼져가는 순간까지도 제니스는 부모님에게 눈은행과 이야기가 되었느냐고 묻고 또 물었던 것입니다. 마침내 그것이 그냥 기분 내키는 대로 하는 말이 아니라는 결론을 내리고, 아빠가 서류상의 절차를 밟은 뒤 빈칸에 내용을 적고 제니스가 서명을 했습니다. 제니스가 죽은 지 몇 시간 뒤, 맑게 빛나던 아름다운 두 눈은 토론토의 눈은행으로 옮겨졌습니다.

얼마 후, 제니스의 친구 가족이 우연히 만난 기자에게 제니스의 이야기를 하게 되었습니다. 그 이야기에 감동을 받은 기자는 신문에 제니스의 아름다운 선택을 보도했습니다. 제니스의 이야기가 세상에 널리 알려지면서, 오타와 지역의 시민들이 그녀를 따라 눈을 기증하겠다고 지원했습니다. 50여 명의 '킨스멘 클럽'과 175명의 기마순경, 그의 가족들도 제니스의 뒤를 잇겠다고 나섰습니다. 이 뉴스의 파문은 넓게 퍼져갔습니다.

어린 제니스는 눈을 기증함으로써 한 생명에게 빛이 되어줄 수 있다는 것을 믿었습니다. 그리고 눈은행이라는 아름다운 일에 자신도 참여하고 싶어 했습니다. 소녀는 부모님을 설득하고 마침내 자신이 원하던 일을 할 수 있었습니다.

중국 베이징에서 작은 나비 한 마리가 살랑살랑 날갯짓을 하면, 그것이 공기를 타고 퍼져 나가 결국 미국 뉴욕에서는 무서운 폭풍이 일어날 수도 있다고 합니다. 나비효과입니다. 나비효과는 우리가 사는 세상에서 늘 일어나는 일입니다.

제니스라는 작은 나비 한 마리가 날갯짓을 함으로써 오타와 지역에 커다란 폭풍을 일으켰습니다. 한 소녀의 참여가 다른 많은 사람들의 참여를 이끌어냈습니다. '아름다운 가게' 또는 '심장병 어린이들을 위한 걷기 대회'에 나가서 활동하는 자원봉사자들의 참여 덕분에 우리의 이웃과 새싹들의 얼굴이 점점 환해지고 있습니다. 참여에는 강한 전염성이 있습니다. 이런 전염성 때문에 '나 하나'의 참여가 세상을 아름답게 합니다. 그런 참여의 즐거움을 누릴 수 있는 것, 그것이 바로 민주시민의 특권입니다.

아하!

눈은행이란?

1930년에 미국에서 최초로 '아이뱅크(eye-bank, 눈은행)'가 생겨났다. 먼저 사후에 안구를 제공하고자 하는 사람이 미리 눈은행에 등록을 해두고, 등록한 사람이 사망을 했을 경우 6시간 내에 각막을 떼어내어 보존액 속에 넣어둔다. 이 각막은 눈은행의 중계로 24시간 안에 다른 사람에게 이식을 하게 된다. 한편 각막이식을 받고 싶은 환자는 병원에 신청하는데, 병원에서는 순번에 따라 목록을 작성해 둔다. 각막이 확보되면 순번에 따라 시술이 이루어진다. 눈은행은 이러한 과정이 최대한 신속하고 원활하게 이루어지도록 중간다리 역할을 하는 전문기관이다. 아쉽게도 아직 우리나라에는 눈은행이 없어 각막이식 수술에 어려운 점이 많지만, '사랑의장기기증운동본부'가 대학병원과 제휴하여 눈은행 설립을 추진 중이라고 하니 곧 좋은 소식을 들을 수 있을 것 같다.

참고자료
사랑의장기기증운동본부 http://www.donor.or.kr
국립장기이식관리센터 http://konos.go.kr
미국 눈은행 연합 http://restoresight.org

“단돈 만 원으로 한 생명의 꿈을 가꿔줄 수 있답니다”
민주시민 : ‘너’를 헤아리다 ‘나’도 행복해지는 사람들

미국 디트로이트에 코니라는 여인이 살고 있었습니다. 코니는 얼마 전 남편과 이혼을 한데다, 아버지마저 돌아가서 의지할 곳 없이 홀로 남게 되었습니다. 취직을 하려 했지만 할 줄 아는 것이 없어 번번이 퇴짜만 맞았습니다. 코니는 디트로이트를 떠나 시카고로 이사를 간 뒤, 가까스로 조그만 여행사에 취직을 할 수 있었습니다. 하지만 직장에서도 말없이 우울한 나날을 보낼 뿐이었지요. 코니는 자기가 이 세상에서 가장 불행한 사람일 거라고 생각했습니다.

그러한 코니에게 있어 유일한 낙이 바로 독서였습니다. 그녀는 책은 물론이고 잡지며 신문광고까지 굶주린 사람처럼 닥치는 대로 읽어 댔습니다. 그러던 어느 날, 신문의 한 구석에 난 광고 하나가 코니의 시선을 잡아당겼습니다. “외국의 불쌍한 어린이와 결연을 맺어주세요. 매달 만 원(10달러)이면 한 명의 식료품과 의복, 학용품을 대줄 수 있습니다.” 코니는 이 광고를 여러 번 읽었습니다. 그리고 즉석에서 봉투에 10달러를 넣어 광고에 적힌 주소로 꿈냈습니다.

　이 일을 까맣게 잊고 일상적인 나날을 보내던 어느 날, 코니 앞으로 편지 한 통이 날아왔습니다. 편지 안에는 야윈 소녀의 모습이 담긴 사진이 들어 있었습니다. 광고를 낸 결연기관이 연결해 준 독일 소녀 헬가가 보낸 편지였습니다. 열 살인 헬가는 독일 함부르크 근처의 오두막집에서 산다고 했습니다. 두 살 때 아버지가 가출하였고, 어머니는 신경쇠약증으로 공공병원에 수용되었고, 이웃 할머니가 헬가를 맡아 정부 보조금으로 겨우겨우 생활해 나간다고 했습니다.

　헬가와 편지를 주고받으며, 코니는 자신에게 닥친 비극들이 하잘것없는 것임을 깨닫게 되었습니다. 몇 번째 편지에선가 헬가는 코니의 사진을 보내달라고 말했습니다. "코니 아줌마의 얼굴을 보고 싶어요. 사진 한 장만 보내주시면 안 될까요?" 하지만 코니에게는 사진이 한 장도 없었습니다. 과거를 깨끗이 잊고 싶어 모조리 불태워버렸기 때문입니다. 코니는 참으로 오랜만에 카메라 앞에 서게 되었습니다. 사진을 찍기에 앞서 거울을 보며 그녀는 얼굴에 미소를 지었습니다. 이제 그녀는 조금씩 달라지고 있었습니다.

　코니는 헬가를 위해 독일어 공부를 시작했습니다. 직장 동료들과 차츰 이야기를 주고받았고, 성격도 한층 밝아졌습니다. 얼마 지나지 않아 그녀는 승진을 하고 월급도 올랐습니다. 오른 월급으로 결연 기관을 통해 또 다른 아이 한 명을 더 맡았습니다. 조엘이라는 프랑스 아이였는데, 조엘의 아버지는 한국전에 참가했다가 전사하였다고 했습니다.

　아이들을 이해하기 위해 유럽의 역사와 문화를 공부하던 코니는 여행사의 유럽 지역 책임자로 승진을 했습니다. 물론 월급도 두 배로 올랐고, 코니는 망설이지 않고 결연 가족을 더 늘렸습니다. 이탈리아 소년 마르코 빈센조와 그리스 소녀 에프로시니였습니다.

코니는 자신이 돌보고 있는 아이들을 모두 만나보고 싶었습니다. 여행을 하며 만난 아이들은 모두 코니를 너무 좋아하며 따랐습니다. 특히 소아마비를 앓아 다리를 저는 빈센조를 만나러 갔을 때는 마을 사람 모두가 코니를 마중 나와 따뜻하게 맞아주었습니다. 그녀는 가슴이 벅차올랐습니다.

코니의 이야기는 세상에 알려졌습니다. 어느 날 그녀를 위한 만찬 모임에서 코니는 안토니 푸시토라는 호텔 지배인을 만나게 되었습니다. 안토니는 코니의 이야기에 깊은 감명을 받았고, 둘은 국제가족을 이루어 아이들을 돌보며 남은 생을 함께하기로 약속했습니다.

절망의 늪에서 허우적거리던 이 여성은 도움을 받는 것이 아니라 도움을 주는 활동에 참여하기 시작하면서 수렁에서 빠져나와 새로운 희망을 찾게 되었습니다. 그녀가 처음부터 그런 결과를 알았던 것은 아닙니다. 그녀가 보내는 10달러가 어떤 의미를 지니는지, 곤경에 빠진 어린이들에게 얼마나 큰 힘이 되는지, 처음엔 알지 못했습니다. 그러나 시간이 지나면서 단순히 돈을 보내는 것이 아니라 아이들의 마음을 다독이고 위안을 주는 엄마로서의 역할에 자긍심을 갖게 된 것입니다. 그러한 적극적인 자세가 직장에서의 성공을 가져다주었고, 인생의 새로운 반려자도 만날 수 있게 했습니다. 참여한다는 것은 남을 위하는 것이기도 하지만 결과적으로는 자기의 삶을 풍요롭게 하는 슬기입니다. 참여함으로써 행복한 세계시민의 모습이 되었습니다.

참고자료

노란 손수건 1 오천석 엮음 | 샘터사 | 1998년
어둠을 밝혀주는 19가지 사랑 이야기 조르쥬 상드 외 지음 | 이주란 엮음 | 백암 | 2005년

"죽는 줄 알면서 왜 손을 들었니?"
"친구니까요"

민주시민 : 고통당하는 이웃을 위해 무엇이든 선뜻 내어주는 사람들

베트남의 한 작은 마을에 선교사들이 운영하는 고아원이 있었습니다. 전쟁의 와중에 이곳에 폭탄이 떨어졌습니다. 선교사들과 한두 명의 어린이들이 죽고 몇 명의 고아들은 부상을 당했습니다. 마을 사람들이 수소문한 끝에, 드디어 미군 의사와 간호원이 간단한 의료장비를 갖춘 채 지프차를 타고 도착했습니다.

의사는 여덟 살의 한 소녀가 가장 치명적인 상처를 입었다는 사실을 알게 되었습니다. 소녀는 쇼크와 출혈로 위독한 상태였습니다. 급히 혈액형을 테스트한 결과 미국인들 중에는 맞는 혈액형이 없었고, 부상당하지 않은 몇 명의 고아들만이 소녀와 같은 혈액형을 갖고 있었습니다.

베트남 말을 잘 못했던 의사와 간호사는 몇 가지 짧은 단어와 손짓, 몸짓을 동원해 소녀에게 피를 공급해 주지 않는다면 곧 죽게 될 것이라고 설명했습니다. 그리고 누가 이 소녀를 위해 피를 나눠줄 수 있는지 물었습니다. 겁에 질린 아이들은 눈만 커다랗게 뜨고 말이 없었습니다. 한참 후, 작은 손 하나가 천천히 흔들리며 올라왔습니다.

"정말 고맙고 훌륭해요. 이름이 뭐죠?" 간호사가 물었습니다.

"행이요."

소년이 대답했습니다.

소년을 침대에 눕힌 간호사는 혈관에 바늘을 꽂았습니다. 아무 말 없이 뻣뻣하게 누워 있던 소년이 흐느끼기 시작했습니다. 아프냐고 물어보는 의사에게 행은 아니라며 고개를 저었습니다. 그러나 흐느낌은 멈추지 않았습니다. 소년은 손으로 입을 가리며 끅끅 새어나오는 울음을 막으려 애썼습니다. 의료팀은 소년이 왜 저렇게 괴로워하는지 걱정이 되었습니다. 이때 베트남 간호사가 도우러 왔습니다.

"너 힘들구나! 많이 아프니?"

생명이 위독한 친구에게 피를 나눠주고 있는 소년에게 간호사가 물었습니다.

"아뇨, 아프진 않아요."

소년이 힘없이 머리를 흔들며 대답했습니다.

"그런데 왜 그렇게 괴로운 신음소리를 내고 있니?"

간호사가 의아한 표정으로 물었습니다.

"여자 애는 살겠죠?"

"그럼, 살지! 틀림없이 살아! 네가 피를 나눠주니까, 네가 그 애를 살릴 거야."

"죽는 게 무서워요…. 지금 피를 다 빼주면 그 여자 애는 살지만 전 죽는 거죠?"

소년은 창백해진 얼굴을 떨어뜨리며 힘없이 물었습니다.

"아니야! 죽는 게 아니야. 피를 다 빼주는 게 아니고 조금만 나눠주는 거야. 절대 안 죽어. 끝나면 누나가 맛있는 거 사줄 거야. 조금만 참아, 응?"

순식간에 소년의 얼굴이 밝아졌습니다. 간호사가 소년의 손을 꼭 쥐어주었습니다.

"그런데… 죽는 줄 알면서 왜 손을 들었니?"

간호사가 물었습니다.

"친구니까요."

소년이 대답했습니다.

이처럼 순수하고 아름다운 마음이 있을까요? 행은 생사의 경계를 넘나들고 있는 친구와 고통을 함께 하기 위해 무작정 그 작은 손을 치켜든 것입니다. 자신의 이익이나 손해를 따지지 않고 어려운 일을 당한 이웃을 위해 행처럼 선뜻 나설 수 있는 사람이 얼마나 될까요? 위급한 상황이 다쳤을 때 기꺼이 끼어들어 관여하고 무엇이든 무턱대고 내놓으려 했던 행만큼 용기를 가진 사람들, 아픔을 함께 나누는 사람들, 소외된 이들을 자기 안으로 끌어들여 더불어 살아가고자 하는 사람들이 많아질수록, 세상은 더욱 살맛나는 곳이 될 것입니다.

역사라는 수레를 밀어가는 즐거움

민주시민 : 한 사람의 큰 힘보다 많은 사람의 작은 힘을 모으는 사람들

집이 없어 남의 집에 세 들어 사는 사람들의 가장 큰 설움은 집주인의 말 한 마디에 아무 때고 이사를 다녀야 한다는 것입니다. 칼바람 부는 겨울날이나 푹푹 찌는 여름날이나 집주인이 나가라면 나가는 수밖에 없지요. 공간을 빌려서 식당이나 가게 같은 장사를 할 때도 마찬가지입니다. 열심히 일하고 손님들에게 신뢰를 쌓아 장사가 좀 되기 시작할 무렵이면, 어김없이 주인이 나타나서 자릿세를 터무니없이 올려달라고 하거나 아예 자기가 그 가게를 운영하겠다며 나가라고 하기 일쑤입니다.

그런 문제에 대한 관심이 높아지던 1990년 어느 날, 전세금을 마련하지 못한 것을 비관하여 자살한 한 가장에 관한 기사가 신문에 났습니다. 신문에는 또한 이런 문제들을 강 건너 불구경하듯 할 게 아니라, 시민들이 뭉쳐서 해결 방안을 모색하자는 취지에서 만들어진 단체의 회원모집 광고도 실렸습니다. 신문을 유심히 들여다보던 필자는 자리에서 벌떡 일어나 은행으로 갔습니다. 이 단체에 회원가입비를

송금하기 위해서였습니다. 단체의 이름은 '경실련(경제정의실천시민연합)'이었습니다.

얼마 후 회원들이 모여 서로 인사를 나누게 되었습니다. 회원들 중에는 변호사, 세탁소 주인, 중견기업의 사장, 택시 운전사, 교수, 공장 노동자, 의사, 식당 주인, 가정주부, 회사원 등 아주 다양한 사람들이 있었습니다. 경실련 회원들은 함께 뜻을 모아 시민들의 생활을 어렵게 하는 부조리한 요소들을 제거할 대안을 모색하고 그것을 관철시키기 위해 법률에 위반되지 않는 범위 내에서 할 수 있는 모든 노력을 다했습니다. 지식이 있는 사람들은 지식을, 시간이 있는 사람들은 시간을 제공했습니다. 어떤 사람들은 목소리를, 어떤 사람들은 차편을, 카메라를 제공하여 '임대차보호법을 제대로 만들자' '금융실명제를 도입하자' '땅 투기를 근절시킬 토지공개념을 도입하자' 등의 주장을 펼쳤습니다.

1995년, 금융실명제가 도입되어 검은 돈들이 숨을 곳을 잃었고 불법적인 돈세탁도 불가능하게 되었습니다. 땅 투기로 돈 버는 얌체 행위도 예전보다 어려워졌고, 아무리 집주인이라 해도 계약된 날짜가 아니면 이사를 가라고 할 수 없게 되어 셋방살이의 설움도 많이 완화되었습니다. 경실련을 비롯한 여러 시민단체와 그 회원들의 노력이 하나둘 결실을 맺은 것입니다.

조금씩 달라지는 세상을 보면서 필자는 1990년 당시 신문을 보다가 벌떡 일어나 경실련 회비를 송금하러 가던 날을 감사하게 여기게 됩니다. 내가 바라던 변화, 내가 원하던 모습에 가까이 다가가는 세상, 좋은 세상을 만들어가는 일에 동참한다는 것은 너무나 즐겁고 뿌듯합니다. 비록 내가 하는 역할은 한 줌 흙을 얹어놓은 정도도 못되는 것이지만, 그런 사람들이 많이 모여 결국 그렇게 커다란 산을 이루게 되었을 때의 뿌듯함을 세상의 그 무엇과 비교할 수 있겠습니까? 스스로 나서서 자그마한 힘을 보태는 것, 그것이야말로 역사라는 거대한 수레를 밀어가는 즐거움입니다. 그런 행복이 바로 민주시민의 특권입니다.

민주주의 국가라고 해서 정부가 거리의 쓰레기를 100% 다 쓸어낼 수는 없습니다. 정부가 미아보호소나 고아원의 아이들을 유치원부터 대학까지 모두 보내줄 수는 없으며 독거노인을 매일 목욕시켜줄 수도 없습니다. 그런 일들은 작은 참여의 참뜻을 아는 사람들이 나서야 되는 일입니다.

기술의 발전이나 경제 성장만으로 행복해지는 사람이 더 많아진다고 단언할 수는 없는 노릇입니다. 모든 것이 너무나 빠르게 변하여 내일을 아무도 예측할 수 없다 보니, 사람들은 '남이야 어떻게 되거나 말거나 나만 살고 보자, 나와 내 가족만 행복하면 그만이다' 하는 생각에 빠지게 됩니다. 이토록 혼란스럽고 불안정한 상황에서 과연 서로가 서로를 부축해 주는 좋은 세상을 만들 수 있을까요?

NGO(시민단체)가 하나의 대안이 될 수 있을 것입니다. 정치인이나 정부 고위직, 거대기업의 횡포를 사람들에게 알리고 억울한 사람과 내몰린 사람을 옹호하는 것이 바로 NGO의 역할입니다. NGO의 회원으로 가입하여 크고 작은 행사에 참석하며 적은 돈이나마 회비를 내는 것은 그리 어려운 일이 아닙니다. 내가 참여하지 않으면 세상은 달라지지 않습니다.

아하! NGO

NGO는 Non-Government Organization(비정부 기구)의 약자로, 정부와 관련이 없는 민간인 단체를 뜻한다. 국제연합(UN)의 경제사회이사회는 특정 사안에 대해 NGO의 전문적인 정보나 조언을 구할 수 있고, NGO가 주체적으로 의사를 표명할 수 있는 통로도 있다. 이러한 지위를 부여받은 NGO는 국제적으로 약 830개가 있다. 최근에는 각국의 NGO도 여러 분야에서 독자적으로 활동하며 국내·외 사회발전에 공헌하고 있다.

참고자료
  경실련(경제정의실천시민연합) http://www.ccej.or.kr

"그라시아스, 그라시아스!"
민주시민 : 도움을 청하는 이웃을 빈손으로 돌려보내지 않는 사람들

폐결핵 치료 분야에서 획기적인 연구 성과를 올려 유명해진 의사 노먼 베쑨에게 어느 날 스페인 민주주의 원호위원회 사람이 찾아왔습니다. "캐나다 국민들로부터 스페인 원조기금을 모금했습니다. 이 기금으로 스페인 마드리드로 의료 지원을 갈 계획인데요, 베쑨 선생님이 의료팀의 지휘를 맡아주셨으면 합니다."

그가 돌아간 후 베쑨은 오랫동안 생각에 잠겼습니다. 자신의 도움을 청하는 사람들을 외면하자니 마음이 무거웠고 선뜻 나서자니 마드리드는 위험한 곳이었기 때문입니다. 밤늦도록 잠을 이루지 못하던 베쑨은 마침내 스페인으로 떠날 결심을 굳혔습니다.

마드리드에 도착한 베쑨은 수혈활동부터 시작하기로 했습니다. 그는 전투가 벌어지고 있는 현장에 이동 수혈대를 만들어 부상당한 병사들을 즉시 치료하고 싶었습니다. 베쑨은 스페인 공화국의 육군대령 계급장을 달고 수혈부대를 책임지고 지도하게 되었습니다.

그러나 정작 필요한 혈액이 턱없이 부족한 상황이었습니다. 혈액이 없다면 준비한 모든 것이 무용지물이 되어버릴 터였습니다. 마드리드 거리의 사람들은 오랫동안 굶주려 있었습니다. 게다가 가족 중의 누군가는 전쟁터에서 죽음을 넘나들며 싸우고 있었지요. 그런 이들에게 아무리 헌혈의 중요성을 설명해 봤자 아무런 소용이 없을 것 같았습니다. 하지만 베쑨은 지푸라기라도 잡는 심정으로 마드리드 신문과 라디오를 통해 헌혈에 참여해 달라고 진정어린 호소를 했습니다.

그런데 기적과도 같은 일이 벌어졌습니다. 다음 날 아침 베쑨은 자신의 눈을 의심하지 않을 수 없었습니다. 2천 명도 넘는 사람들이 헌혈을 하기 위해 거리를 가득 메우고 있었습니다. 젊은이들은 물론 여자들과 노인들까지 끼어 있었습니다. 그들은 조용히 채혈실이 있는 건물의 문이 열리기만을 기다리고 있었습니다.

그로부터 10일 후 이동 수혈대는 첫 번째 수혈을 실시하게 되었습니다. 시가전이 벌어져 총탄이 빗발치는 가운데 베쑨의 수혈대를 태운 차가 거리로 들어섰습니다. 차가 멈춰 서고 군복을 입은 남자들이 내렸습니다. 베쑨도 군복을 입은 채 그들과 함께 부상병들이 누워 있는 곳으로 갔습니다. 맨 앞에 누워 있는 병사의 얼굴은 고통으로 일그러져 있었습니다. 베쑨은 그 다음 병사에게로 갔습니다. 그는 이미 싸늘하게 죽어 있었습니다. 베쑨은 숨이 멎는 듯한 충격에 사로잡혔습니다. 그토록 비참하게 죽은 사람의 모습을 처음 보았던 것입니다.

마음을 진정시킨 그는 다시 다른 부상병에게로 갔습니다. 의식이 남아 있는 몇몇 부상병들이 손을 뻗으며 뭐라고 중얼거렸지만 알아들을 수가 없었습니다. 일단 부상병들을 다 둘러본 그는 지나쳤던 병사 중 하나에게로 갔습니다. 그 부상병은 코트로 몸을 푹 감싸고 있었습니다. 부상병의 이마를 덮은 앞머리를 들어올린 베쑨은 깜짝 놀랐습니다. 이제 겨우 열일곱이나 열여덟 살 정도 되었을 소년이었습니다. 소년 병사의 얼굴은 백지장처럼 창백해 보였고 온몸은 피로 범벅이 되어 있었습니다. 소년 병사는 거의 기절한 듯 두 눈을 반쯤 감고 있는 상태였습니다.

총소리가 멎는가 했더니 다시 쾅쾅거리며 포탄 터지는 소리가 들렸습니다. 베쑨은 포탄 소리가 잠잠해지기를 기다려 차로 달려갔습니다. 차 안에 있던 혈액병을 갖고 온 그는 소년병사의 팔뚝을 더듬어 주삿바늘을 꽂았습니다.

그때 다시 포격이 시작되었습니다. 이번에는 매우 가까운 거리에서 들려왔습니다. 총알까지 빗발치기 시작했습니다. 그러나 베쑨은 소년을 돌보느라 위험을 따질 겨를이 없었습니다. 베쑨은 포탄이 날아오는 방향을 막아선 채 부상당한 소년병을 지켰습니다. 혈액병이 다 비워질 때까지 소년 병사는 깨어나지 못했습니다. 부상을 당한 후 몇 시간이 흘러 이미 몸의 기관들이 제 기능을 못하고 늘어져버린 것입니다.

소년 병사가 갑자기 몸을 떨면서 발작을 시작했습니다. 베쑨은 침착하게 혈액병을 다른 것으로 바꿨습니다. 소년은 몇 번 몸을 움찔거리더니 이내 잠잠해졌습니다. 두 병이 다 비워지기 전, 놀랍게도 소년이 눈을 떴습니다! 소년은 그를 향해 미소를 보내며 말했습니다.

"그라시아스(고맙습니다)!"

부상으로 고통 받는 군인들을 위해 총알이 날아다니고 포탄이 터지는 전쟁터로 뛰어간 의사 베쑨. 그는 도움을 청하며 내민 손을 무색하게 만들지 않는 습관, 특히 자신의 도움이 필요한 곳이라면 어디든 달려갈 준비가 되어 있는 사람이었습니다. 총알이나 포탄의 굉음도 두려워하지 않았습니다. 그에게는 국경을 넘고 인종을 초월하여 죽어가는 사람들을 살리겠다는 일념뿐이었습니다. 세계시민의 모델이었습니다.

인간의 존엄성을 지키기 위해, 진실을 밝히기 위해, 권리를 보호하기 위해, 정의를 위해 뛰어드는 용기가 하루아침에 생겨나는 것은 아닙니다. 이들은 모두 준비된 사람들입니다. 가정과 학교, 종교적 모임, 그밖에 자신이 속한 시민모임에서 늘 뛰어드는 일이 얼마나 가치 있는 일인지 배우고 익히면서 연습을 해왔던 사람들입니다. 그렇기 때문에 아무리 위험한 상황이라도 주저하지 않고 자신의 몸을 던지는 것입니다.

아하!
노먼 베쑨

노먼 베쑨(1980~1939)은 세계 최초로 전쟁터에서 혈액은행을 운영해 수많은 부상병들의 목숨을 구했던 의사였다. "의사들이여! 부상병들이 찾아오기를 기다리지 말고 그대들이 먼저 그들을 찾아가시오!"라는 슬로건을 내걸고 이를 몸소 실천했던 사람이다. 베쑨은 조국 캐나다에서의 의료활동을 시작으로 스페인 내전과 중국혁명 현장에 뛰어들어 모든 사람들과 피를 함께 나누었다.

베쑨은 누구보다도 전쟁을 싫어했지만 자신의 의료술을 가장 필요로 하는 곳인 전쟁터에서 의료활동을 펼치다 그곳에서 최후를 맞았다. 그는 당시 가장 적극적이고 활발하게 의술을 펼친 의사로서, 오늘날까지도 모든 의료인의 본보기가 되고 있다.

참고자료
큰의사 노먼 베쑨 이원준 지음 | 이룸 | 2003년
닥터 노먼 베쑨 테드 알렌 지음 | 천희상 옮김 | 실천문학사 | 2001년

5박 6일의 엑소도스

민주시민 : 누군가가 나서야 할 일이라면 '내가 먼저' 나서는 사람들

2003년 1월 11일

서울 시내의 한 사무실. 중국을 드나들며 꾸준히 탈북자들의 사진을 찍어서 〈뉴욕 타임스〉와 〈내셔널 지오그래픽〉 등에 보내던 프리랜서 사진기자 석재현 씨는 몇 명의 탈북동포 지원 단체 지도자들과 함께 앉아 있었습니다. 탈북동포들의 대부로 유명한 신동철 목사가 주축이 된 '리본 프로젝트'에 관한 회의가 열리기 때문이었습니다. 사무실에는 묘한 긴장감이 맴돌았습니다.

리본 프로젝트는 북중 국경 근처에 흩어져 숨어 있는 탈북자들을 중국 산둥 반도의 한 항구에 집결시켜 보트로 일본과 한국 두 나라로 나누어 보낸다는 계획이었습니다. 리본이라는 이름이 붙은 것은 일본으로 가는 배에 탈 사람들과 한국으로 가는 배에 탈 사람들을 리본의 색으로 구분한다는 약속 때문이었습니다.

설명이 끝난 뒤 신동철 목사가 말했습니다.

"석 선생, 어떻습니까? 저희와 동행하며 취재하실 의향이 없습니까?

비밀을 절대 지켜야 하며 우리는 어떤 신분보장도 할 수 없습니다. 하지만 상황이 정말 절박합니다. 세상이 너무 모르고 있다는 게 야속하네요. 우리에겐 석 선생의 협조가 필요합니다."

2003년 1월 12일

석재현 씨는 서울의 한 호텔에서 아내와 마주 앉았습니다. 자기를 굳이 밖으로 불러낸 까닭을 궁금해 하며 석 씨의 아내가 남편의 얼굴을 물끄러미 쳐다보았습니다. 이윽고 석 씨가 말을 꺼냈습니다.

"나 중국 좀 가려고…."

"으응, 중국? 무슨 일인데?"

"취재지, 뭐. 이번에 탈북동포 80명을 중국에서 제3국으로 탈출시키는데, 내가 가서 사진작업을 좀 해야 할 것 같아."

"그거 위험할 텐데. 중국 사람들은 취재기자고 뭐고 막 잡아 가둔다 하던데…?"

"그래서 그런 일은 일본 사람들이 도맡아 하고 있잖아. 하지만 얼마나 기가 찰 노릇이냔 말이지. 탈북자들은 다 우리 혈육인데 정작 한국 사람들은 강 건너 불구경이나 하고 있으니. 누군가 나서야 해. 생생한 탈북현장 사진을 〈뉴욕 타임스〉에 실어서 세계적인 여론을 환기시켜야 해!"

"휴…. 그건 그렇지. 성공확률은 얼마나 된대?"

"반반이겠지."

"꼭 가고 싶어?"

"그런 걸 딴 나라 사람들한테 맡길 순 없지, 꼭 내 손으로…."

"그럼, 가."

"정말? 당신 괜찮겠어?"

"그거 한 번 해야 된다고 몇 년째 노래를 불러 놓고서…. 뭘 새삼스레 묻고 그래? 가야 되면, 갈 수 있는 기회가 있으면 가야지. 대신, 가족들 생각해서 몸조심해야 해! 꼭 약속해."

"응, 고마워. 정말 조심할게. 너무 걱정하지 마."

2003년 1월 13일~17일

석재현 씨는 또 한 명의 탈북동포 지원 단체 지도자 최영훈 씨와 함께 중국 산둥성 옌타이에 도착했습니다. 두 사람은 길림성의 은거지로 이동했습니다. 그들이 도착하자 사람들의 눈길이 닿지 않는 허름한 아파트나 식당의 구석방 또는 창고에 숨어 있던 20명의 탈북자들이 속속 모여들기 시작했습니다.

길림성에서 모인 일행은 기차와 배를 번갈아 타며 남쪽으로 이동하기 시작했습니다. 부쩍 강화된 중국 공안의 감시 때문에 일행은 한시도 긴장을 늦출 수 없었습니다. 탈북자들은 사진기자인 석 씨를 경계했습니다. 그러나 기차나 배에서 공안이 나타나면 석 씨가 먼저 나서서 명함을 건네며 말을 붙이고 사진도 찍고 악수도 하는 등 바람을 잡고 그들의 주의력을 분산시켰습니다. 탈북자들은 위험을 무릅쓰고 자신들을 보호하는 석 씨를 차츰 신뢰하기 시작했습니다.

21세의 한 여성은 원래 부모님과 오빠까지 모두 네 식구였는데 지독한 가난과 전염병으로 세 식구 모두 죽고 혼자 남아 길거리에서 순대장사를 하며 연명했다고 했습니다. 이러다가 자기도 목숨을 부지할 수 없을 것 같아 도망쳐 나왔다는 것입니다. 연극배우 출신이라는 어떤 여성은 바다라는 걸 난생 처음으로 구경하는 것이라고 했습니다.

자기가 기차나 배를 타리라고는 꿈에도 상상하지 못했다고 말했습니다. 어떤 청년은 불안함을 이기지 못해 술을 마시다가 공안에게 적발되는 바람에 아슬아슬한 순간을 자초하기도 했습니다. 석 씨는 그 모든 표정들을 소리 없이 카메라에 담았습니다.

2003년 1월 18일

그럭저럭 길림성을 빠져나온 일행은 요동성의 대련 항에 도착하여 옌타이로 가는 배에 올랐습니다. 그때였습니다. 최 씨가 석 씨에게 말했습니다.

"석 선생, 문제가 생겼어요. 여기서 합류하기로 한 탈북자들이 도착을 안 하는군요. 아무래도 시내로 나가 봐야겠어요."

"지금이 새벽 네 신데, 이 시간에 접선이 되겠습니까?"

"이렇게 하죠, 전 시내로 나가서 그들을 데려올 테니 석 선생은 여기 남아서 저 사람들을 보호해 주시오."

"그러죠."

그러나 그게 마지막이었습니다. 사나운 중국공안들이 석 씨 일행을 향해 총을 들이댄 것은 최영훈 씨가 떠난 지 두 시간 후였습니다. 석 씨는 중국의 한 변방 부대에 구금되었습니다. 5박 6일의 엑소도스 (exodos, 탈출)는 그렇게 끝났습니다. 석재현 씨가 체포되자 사건은 국제적으로 널리 알려지게 되었습니다. 석 씨의 취재활동이 〈뉴욕 타임스〉라는 유력한 신문과 연계되어 있었기 때문입니다. 〈뉴욕 타임스〉는 탈북을 기획하거나 주도한 것이 아니라 단순히 취재를 했을 뿐인 기자를 불법 체포한 중국 공안을 맹렬하게 비난했습니다. 석 씨의 체포를 계기로 국내외 언론이 탈북자들의 실상을 크게 다루기 시작했습니다.

전 세계가 탈북자 문제와 석 씨 체포사건을 두고 들썩였습니다. 오로지 한국 정부와 언론만이 조용했지요. 한국 정부는 이에 적극적으로 대응하기보다는, 팔짱을 낀 채 이리저리 눈치만 보는 태도를 보였습니다. 조용한 외교를 위해서 말입니다.

덕분에 석 씨는 1년 2개월이라는 세월을 중국 감옥에서 보내야 했습니다. 그러나 가족들, 한국다큐멘터리사진학회, 한국사진학회, 외신기자회, 레솔루션217을 비롯한 국제 시민단체들, 〈뉴욕 타임스〉의 노력, 그리고 마지못해 움직인 한국 정부의 노력으로 2003년 3월에야 가까스로 석방되었습니다.

그 후 1년 2개월

석 씨는 2004년 5월 미국 워싱턴 D.C.에 있는 내셔널 프레스 센터에서 열린 '언론자유(Press Freedom)' 심포지엄에 초대되었습니다. 이 심포지엄은 세계적인 사건현장에서 취재하다 억류되거나 사망한 사진작가들의 작품을 전시하고 그들의 경험담을 소개하면서 이를 국제적인 문제로 이슈화시키기 위한 행사였습니다. 석 씨는 바그다드에서 억류되었던 스컷 텔턴, 콜롬비아에서 억류되었던 리스 모리스, 테헤란에서 억류되었다 사망한 자라 카제미 씨와 함께 주요 작가로 초청됐습니다.

석 씨는 뛰어들었습니다. 관여했습니다. 동고동락했습니다. 운명의 경계선을 함께 넘나들었습니다. 그들의 절박한 사정을 알았기 때문에, 내면에서 들려오는 양심의 소리를 들었기 때문에, 누군가는 나서야 할 일이었기에, 그는 망설이지 않았습니다. 체포의 위험 같은 건

아랑곳하지 않았습니다. 사진기자라는 직업 이전에 그는 민족으로서,
이웃으로서, 그리고 시민으로서의 양심을 선택했습니다. 그렇게 뛰어
들 수 있는 시민정신이야말로 서로가 서로를 보호하고 배려하며 더불
어 살아가는 열린 세상의 초석입니다.

참고자료
KBS 1 라디오 '다큐멘터리 인물과 사건' 암호명 '리본', 그 5박6일의 탈북작전 | 2004년 6월 27일
레솔루션217 http://www.resolution217.org

오늘을 지켜낸 내일의 시민들

민주시민 : 그 자격에 나이 제한은 없다

미국 유타 주 솔트레이크 시티에 있는 잭슨 초등학교 그곳에서 세 블록 정도 떨어진 들판에서 유독성 쓰레기 폐기장이 발견되었습니다. 그 폐기장에는 위험한 화학물질이 들어 있는 통이 5만 개도 넘게 쌓여 있었습니다. 어떤 통들은 녹슬고 부식되어 찌꺼기가 땅으로 새어나왔습니다. 그 비밀 폐기장을 처음 발견한 학생들은 곧바로 행동에 들어갔습니다. 학생들은 통에서 흘러나오는 화학물 찌꺼기가 근처의 지하수원을 오염시키는지를 조사하기 시작했습니다.

지역 보건부 직원은 혀를 끌끌 차며 말했습니다. "도대체 애들이 뭘 할 수 있다는 거지? 조사 결과를 파악하기도 전에 고등학생이 되어버릴걸."

학생들이 직접 보건부를 방문했을 때조차 직원들은 마치 귀찮은 파리 떼 쫓아내듯이 아이들을 내쫓았습니다. 하지만 학생들은 낙담하지 않았습니다. 집집마다 방문하여 조사를 실시하며 지역 주민들에게 유해 폐기물의 위험성을 알렸습니다. 보건부 직원들이 지하수 샘플을 채취할 수 있는 수원을 찾아내기도 했습니다. 그들은 유해 폐기물에 관한 신문과 잡지 기사를 닥치는 대로 모아서 읽었습니다. 그리고 보건부 직원들, 전국 각지의 환경 보호국 사무실, 유해 폐기물이 있는 부지를 소유한 회사들에 전화를 걸고 편지를 썼습니다.

그들의 적극적인 운동은 언론의 주목을 받았고, 마침내 교사 출신인 팔머 드폴리스 시장의 관심을 얻게 되었습니다. 시장은 18개월 안에 폐기장을 깨끗이 청소할 것을 약속했습니다. 수주일 후 인부들이 쓰레기 폐기장에 가득 쌓인 통들을 치우기 시작했습니다.

1987년 잭슨 초등학교의 졸업식 날이었습니다. 환경보호국 연구원들이 쓰레기 폐기장을 검사하기 위해 솔트레이크 시티에 왔습니다. 그들은 수질 검사를 하려고 우물을 팠습니다. 학생들은 졸업식 도중에 식장을 빠져나와 이 장면을 지켜보았습니다.

그로부터 9개월이 지났습니다. 학생 대표 앞으로 그 지역의 토양과 지하수에 대한 검사 결과가 도착했습니다. 예상대로 유해한 화학물질과 살충제, 여러 중금속 성분이 부근을 오염시키고 있었습니다. 솔트레이크 계곡의 식수는 쓰레기 폐기물과 섞여 47만 7천여 지역 주민들의 건강을 위협하고 있었습니다. 환경보호국은 이 지역에 긴급조치가 필요하다고 지적했습니다.

학생들의 관심은 유타 주의 다른 쓰레기장으로까지 확산되었습니다. 그들은 유해 쓰레기 폐기장을 청소하는 데 드는 비용을 모금하여 2,700달러를 주 정부에 기부하고자 했습니다. 그러나 유타 주 정부에는 이러한 기부금을 받을 수 있는 법적 장치가 없었습니다. 학생들은 '유타 주 슈퍼펀드(환경 특별기금)'를 제안하는 결의안을 작성했고, 이 법안의 통과를 위한 활발한 활동에 들어갔습니다. 의원들의 사무실을 방문하고 크레파스로 칠한 전단을 배포하며 자기들의 뜻을 열심히 알렸습니다. 그리고 이 법안은, 주 의회를 만장일치로 통과하였습니다. 아이들은 서로 얼싸안으며 뛸 듯이 기뻐했지요.

오늘의 솔트레이크 계곡을 내일의 시민들이 지켜냈습니다. 참여는 직업이나 신분과는 아무런 상관이 없습니다. 시민 자격에 나이 제한은 없습니다. 시민사회는 지식인, 전문가, 고위직 책임자들만의 것이 아닙니다. 나이가 어려도, 사회적 약자라도 누구나 잘못된 것과 불합리한 것에 대해 스스로 목소리를 내고 의사결정 과정에 뛰어들고 긍정적인 영향을 주는 사람들, 행동하는 사람들이 민주시민입니다.

참고자료
우리는 참여와 행동을 통해 민주주의로 간다 캐서린 아이작 지음 | 조희연 옮김 | 아르케 | 2002년

한 표 차이,
독일어가 미국 국어가 되지 못한 이유
민주시민 : '내가' 던지는 한 표의 위력을 아는 사람들

영국의 찰스1세는 의회에서 자신을 비난하는 권리청원이 제출되자 의회를 해산하고 11년간 의회 소집을 중단합니다. 그런데 스코틀랜드의 반란 처리 비용을 위해 일시적으로 소집하였는데 크롬웰이 속한 의회와 정면대립, 청교도 혁명으로 확대되었습니다. 크롬웰이 총사령관으로 임명되어 청교도 혁명을 틈타 찰스1세에 맞섰습니다. 그런데 이때 임명 가결된 의회 표결의 결과는 91대90 한 표 차이. 크롬웰은 찰스1세의 처형을 주도했습니다. 1649년 1월 찰스1세의 재판 결과 68대67 한 표 차이로 가결되고 말았습니다. 한 표의 임명과 처형이 명암으로 교차되는 순간, 찰스1세는 '국민의 적'으로 규정되어 형장의 이슬로 사라졌습니다.

18세기 프랑스 시민들은 엄청난 세금 폭탄에 신음하고 있었습니다. "빵이 없으면 과자를 먹으면 되지…." 가난과 굶주림에 시민폭동이 예상된다는 보고를 듣고 루이 16세의 왕비 마리 앙투와네트가 한 말입니다. 당시 귀족들의 상태를 대변하는 말입니다. 결국 바스티유 감옥이 습격을 받고 대혁명이 일어났습니다. 혁명의 고삐를 쥔 세력들이 장악한 의회에서 왕의 처형에 대해 온건파와 급진파가 열띤 찬반 공방을 벌였습니다. 마침내 361:360. 왕과 왕비의 처형이 단 한 표 차이로 결정됐습니다.

1776년 미국의 국어가 독일어가 아닌 영어로 결정된 것도 한 표 차이 때문이었습니다. 미국은 다양한 민족이 함께 살고 있는데, 그 중에서 독일계 민족이 4,300만 명으로 가장 큰 비중을 차지하고 있습니다. 그런데도 미국의 국어를 제정하는 투표에서 한 표 차이로 영어가 국어로 채택되었습니다. 또한 인터넷 사회가 되면서 영어는 경쟁의 대상이었던 프랑스어, 스페인어, 독일어를 완전히 제치고 당당히 국제어로서 자리 매김했습니다. 만약 독일계 민족이 오늘날과 같은 미래를 예견하고 독일어를 미국의 국어가 되게 하기 위해서, 한 표를 더 얻으려고 조금만 더 노력했다면 오늘날 인터넷은 영어가 아닌 독일어로 소통되고 있을 것입니다.

우리나라에서도 한 표 차이로 새로운 역사가 만들어진 사례가 있습니다. 2002년에 강원도 원주시 개운동에서 출마한 이강부 후보가 한 표 차이로 시의원이 되었습니다. 그리고 같은 해 경기도 동두천시 상패동에서 출마한 이수하, 문옥희 후보는 똑같이 1,162표를 얻었지만 '연장자 순'이라는 규정에 따라 문옥희 후보가 시의원이 되었습니다.

이밖에도 한 표 차이로 역사의 향배가 결정된 사례는 부지기수일 것입니다. 위와 같은 사례를 볼 때 내가 행사하는 한 표가 얼마나 큰 위력을 가지는지 짐작할 수 있습니다.

우리는 선거일이 다가오면 투표할 생각보다는 여행 계획을 세우거나 개인적인 일정을 먼저 생각하곤 합니다. 아마도 "아무나 당선되어도 상관없다. 누가 되든 별로 달라지는 게 없을 테니까" 하는 생각 때문일 것입니다. 정치인에 대한 불신감 때문에 투표할 의지마저 사라진 것은 안타까운 현실입니다.

물론 유권자 입장에서도 투표를 하지 않는 충분한 변명거리는 있습니다. 절반에 가까운 유권자가 정치에 무관심하거나 찍을 만한 후보자가 없어서 투표에 참여하지 않았다고 흔히 말합니다. 하지만 우리에게는 항상 차선의 선택이 남아 있습니다. 찍을 만한 후보가 없다면 당선되어서는 안 될 후보를 낙선시키기 위해서라도 한 표를 행사해야 합니다. 제일 맘에 들지 않는 후보, 그 다음으로 맘에 들지 않는 후보, 그 다음, 그 다음… 이런 식으로 제외시키다 보면 그나마 괜찮은 후보가 남지 않겠습니까. 그런 식의 선택이 바로 차선의 선택입니다. 핑계만 대면서 민주시민의 권리인 투표도 하지 않고 놀러가 버린다면 그것은 무 선택입니다. 무 선택은 시민으로서 무책임한 행동입니다. 그런 무 선택의 결과는 예외 없이 나뿐만 아니라 모두에게 최악의 결과가 되는 때가 많습니다. 괴롭지만 또 즐겁기도 한 선택의 권리를 남에게 넘겨주는 것은 어리석은 일입니다.

또한 선거권을 포기하는 일은 책임을 회피하는 일이기도 합니다. "천하의 흥망은 필부에게도 그 책임이 있다"고 했습니다. 이 말은 중국 명말 청초의 학자이며 고증학의 시조로 일컬어지는 고염무(顧炎武)가 '일지록(日知錄)'에서 한 말입니다. 이 구절은 역시 그의 말인 "나라의 흥망은 사대부에게 그 책임이 있다"는 말과 대(對)를 이루어 인용되곤 합니다. 나라는 왕조를 의미하고 천하는 중국인 모두를 아우르는 중국 전체를 가리킵니다. 우리의 경우로 말하자면, 정부나 정당의 성쇠는 거기에 참여하는 정치인과 관료들의 책임이지만, 한민족 공동체인 우리나라의 흥망은 국민들이 할 탓이라는 의미일 것입니다. 필부로서도 책임이 있다는데 하물며 주권자인 국민으로서야 더없이 책임이 크겠지요.

남을 탓하기는 쉽습니다. 그러나 그것은 해결책이 아닙니다. 민주제도를 지킬 책임은 국민에게 있습니다. 그러므로 우선은 참여해야 합니다. 그토록 혐오하는 부정부패, 폭로, 학연·지연·혈연 등을 선거를 통해 없앨 권리와 의무가 우리에게 주어져 있습니다. 2007년 대통령 선거에서는 역대 그 어느 때보다 높은 투표율을 보여 국민의 뜻을 드러내야 할 것입니다. 그래서 유능하고 도덕성이 있는 정권을 만들어야 합니다.

소중한 한 표를 소중히 행사하는 것은 권리이면서 동시에 의무이기도 합니다. 그것이 자기를 세상의 중심, 시민사회의 주류로 잡게 하는 길입니다.

참고자료
〈국민일보〉 한마당: 투표소로 | 이진곤 수석논설위원 | 2002년 8월 8일
〈스포츠조선〉 한 표의 위력 - 김영수의 영혼르포(36) | 김영수 | 2007년 4월 2일

# 나는 얼마나 스스로 참여하는 시민일까?

아래의 문항을 잘 읽고, 채점표에서 자신에게 해당되는 칸에 동그라미 표시를 합니다. 모든 항목에 대한 체크를 마친 후에는 자신의 점수를 모두 더합니다.

01. 정치나 장사에 이용하려는 것이 아니고 순수하게 사회를 변화시키기 위해 연구하는 것이라면, 나는 모든 설문조사에 적극적으로 응해준다.

⑤그렇다　④그런 편이다　③반반이다　②아닌 편이다　①아니다

02. 사회적으로 큰 충격을 주는 사건이 일어났을 때 마음속으로는 걱정이 되지만, 신문사나 방송국에 전화를 걸어서 항의하거나 자기 의견을 말하는 사람들을 보면 '세상에는 심심한 사람들이 꽤 많구나!' 하는 생각이 든다.

①그렇다　②그런 편이다　③반반이다　④아닌 편이다　⑤아니다

03. 많은 사람들이 피해를 입지 않으려면 당장 해야 할, 시급한 일이 있을 때면 남들이 뭐라 하든 신경 쓰지 않고 일단 내가 먼저 시작한다.

⑤그렇다　④그런 편이다　③반반이다　②아닌 편이다　①아니다

04. 나 한 사람의 힘은 정말로 보잘 것 없다. 그러므로 '당신의 참여가 세상을 바꿉니다' 라는 말은 사람들의 관심을 끌기 위한 선전일 뿐이지 사실은 아니다.

①그렇다　②그런 편이다　③반반이다　④아닌 편이다　⑤아니다

05. 나는 지금 사회 변화를 목적으로 하는 청소년단체나 시민단체에 자
발적으로 가입하여 활동하고 있다.

⑤그렇다　④그런 편이다　③반반이다　②아닌 편이다　①아니다

06. 소년소녀 가장, 혼자 사는 노인, 수재민을 돌보는 것은 국가의 몫이
므로, 그런 일에 신경을 쓰는 것보다는 내 몫이나 잘 챙기는 것이
더 옳다고 본다.

①그렇다　②그런 편이다　③반반이다　④아닌 편이다　⑤아니다

07. 자기 집 경제도 제대로 꾸리지 못하면서 자원봉사 활동을 하는 사
람들을 보면 "너나 잘해"라고 말해주고 싶다.

①그렇다　②그런 편이다　③반반이다　④아닌 편이다　⑤아니다

08. 나는 친구들의 사생활을 간섭하고 싶지 않다. 따라서 그들에게 어
려운 일이 있어도 스스로 알아서 헤쳐 나가야 한다고 생각단다.

①그렇다　②그런 편이다　③반반이다　④아닌 편이다　⑤아니다

09. 자원봉사 활동은 다른 사람들에게도 도움이 되지만 나 자신의 성숙
에도 도움이 되기 때문에 적극적으로 자원봉사를 할 생각이다.

⑤그렇다　④그런 편이다　③반반이다　②아닌 편이다　①아니다

10. 이웃돕기성금이나 수재의연금을 내고 싶지만, 그것을 취급하는 사
람들을 믿을 수 없어서 절대로 내 돈을 그들에게 맡길 생각이 없다.

①그렇다　②그런 편이다　③반반이다　④아닌 편이다　⑤아니다

11. 기아에 허덕이는 빈곤 지역 어린이 두 명에게 한 달에 2천 원씩 보
내고 싶다.

⑤그렇다　④그런 편이다　③반반이다　②아닌 편이다　①아니다

12. 직접 시위를 하거나 사회적인 운동에 나서지는 않지만 용돈을 아껴
서 그런 일을 하는 단체에 보태주고 싶다.

⑤그렇다　④그런 편이다　③반반이다　②아닌 편이다　①아니다

13. 관심 있는 주제를 다루는 토론회가 있으면 반드시 참석해서 전문가
들의 의견을 들어보고 질문을 던지는 것을 좋아한다.

⑤그렇다　④그런 편이다　③반반이다　②아닌 편이다　①아니다

14. 나는 길거리의 구세군 자선냄비에 돈을 넣어본 적이 없다.

①그렇다　②그런 편이다　③반반이다　④아닌 편이다　⑤아니다

15. 나는 인간 사회에도 '나비효과'가 반드시 있다고 믿는다.

⑤그렇다　④그런 편이다　③반반이다　②아닌 편이다　①아니다

총계 ＿＿＿＿＿

점수의 총계가 53점 이상이라면

당신에겐 보이지 않는 것을 보는 안목이 있고 들리지 않는 소리를 듣는 열린 귀가 있습니다. 당신은 소위 '나비효과'의 원리에 따라 세상을 밝게 만들어가고 있는 사람입니다. 당신은 더불어 살아가는 것과 나누며 살아가는 것의 참된 즐거움을 누리고 있습니다. 당신이 보태는 작은 힘이 더 큰 복덩어리가 되어 당신이 사랑하는 모든 사람들과 당신에게로 되돌아올 것입니다. 당신이 세상의 주인입니다.

점수의 총계가 38점 이하라면

당신은 활동의 반경을 넓혀야 합니다. 당신이 외면하는 사이에 사회는 병들고 맙니다. 당신의 무관심이 부메랑이 되어 당신에게 되돌아올 것이라는 사실을 기억해야 합니다. 조금의 용돈이라도 아껴서 자선 바자회에 가보거나 봉사자들의 홈페이지를 방문하여 '파이팅!'이라는 메시지를 남겨보세요. 환경단체나 소비자단체, 혹은 청소년 자원봉사 센터 등의 활동에도 참가하면서 더 많은 사람들의 이야기를 들어보는 것도 좋은 방법이 될 것입니다.

헤아리며 공존한다 02

세상에는 참으로 다양한 사람들이 함께 모여 살고 있습니다. 그들은 모두 목소리, 생김새, 피부색, 태도, 인격, 인종, 종교, 국적, 삶의 방식, 그리고 지향점이 다릅니다. 이 다름을 인정하지 못한다면 모두가 평화롭게 살아가기란 불가능합니다. 각기 다른 존재들이 서로의 관점을 이해하고 함께 어우러져 살아가는 사람들, 그들이 바로 민주시민입니다.

늘 다니던 길 말고 다른 길을 한번 걸어보세요. 새롭게 발견하게 되는 슈퍼마켓과 꽃집, 서점…. 약간 다른 관점에서 세상을 바라보는 넓은 마음이 생길 것입니다.

우리에겐 음식을 하다 남은 뜨거운 물은 반드시 식힌 후에 버리는 전통이 있습니다. 혹시 들풀과 곤충과 벌레들이 뜨거운 물에 생명을 잃을까 헤아리는 마음에서 비롯된 것입니다. 이스라엘 농촌에서는 작물을 몽땅 거두지 않고 10% 정도는 그대로 둔다고 합니다. 굶주린 나그네와 고아들 같은 사회적 약자들이 먹을 수 있도록 하기 위해서라고 합니다. 헤아려 함께 살자는 것입니다.

다른 사람과 보조를 맞추기 위해 자신이 한 발 물러서는 것, 절박한 사람들에게 자기 몫을 나눠주는 것, 외톨이 친구에게 말을 거는 것, 남들이 적개심이나 소외감을 느끼지 않도록 노력하는 것…. 이런 작지만 따뜻한 행동이 모이면 세상은 한층 살기 좋고 아름다운 곳이 될 것입니다.

헤아리며 공존하려는 마음이 곧 시민정신입니다.

나는 5초, 휠체어는 2분

민주시민 : 함께 가기 위해 조금 기다려주는 사람들

슈셴은 중국 베이징 대학에서 프랑스어를 전공했습니다. 석사과정을 마친 그녀는 국비 유학을 신청했고, 마침내 프랑스 유학길에 올랐습니다. 프랑스어를 읽고 쓸 줄 알면서도 한 번도 와보지 못한 프랑스 땅을 처음 밟게 된 그녀의 감회는 남달랐습니다.

중국인이 많이 사는 파리 13구에 거처를 정한 슈셴은 소르본느 대학까지 버스를 타고 다녔습니다.

봄빛이 화창한 어느 날이었습니다. 그날도 슈셴은 학교로 가는 버스에 몸을 실었습니다. 버스가 고블렝 역에 다가갈 무렵, 슈셴은 휠체어를 탄 채 정류장에서 버스를 기다리는 한 여성을 보았습니다. 이윽고 버스가 정류장에 멈추어 섰고, 기사가 슬라이딩 장치를 내려 휠체어가 올라올 수 있도록 했습니다. 장애인 여성은 혼자 휠체어를 이끌며 버스에 올랐고, 버스에 마련된 휠체어 전용 칸에 자리를 잡았습니다. 슈셴은 그 장면이 너무나 신기했습니다.

'왜 아무도 도와주지 않지?'

다섯 정거장쯤 지났을까요? 휠체어에 탄 여성이 문 쪽으로 휠체어를 밀고 나왔습니다. 올라 탈 때의 장면을 약간 놓친 슈셴은 이번에는 하나도 빠짐없이 관찰해야겠다고 생각했습니다. 여성은 문 쪽에 달린 빨간 스위치를 눌렀습니다. 기사는 정류장에 버스를 멈추고 슬라이딩 장치를 내렸습니다. 문과 가장 가까운 곳에 휠체어를 탄 여성이 있었고, 그 뒤에는 이번 정류장에서 내릴 사람들이 서 있었습니다. 슬라이딩은 아주 천천히 내려갔지만, 이를 불평하는 사람은 아무도 없었습니다. 아무 말 없이 차례를 기다릴 뿐이었습니다.

'좀 도와주지…. 그러면 다들 좀더 빨리 내릴 수 있을 텐데.' 슈셴은 의아한 생각이 들었습니다.

시간이 좀 걸리긴 했지만 휠체어를 탄 여성은 혼자 힘으로 버스에서 내릴 수 있었습니다. 휠체어가 내리자 버스기사는 다시 슬라이딩 장치를 원위치로 돌렸습니다. 그제야 기다리던 사람들이 줄줄이 내리기 시작했습니다. 도와주는 사람도, 시간이 지체됐다고 짜증내는 사람도, 신기하다며 구경하는 사람도 없었습니다. 단 한 명, 슈셴을 제외하고는 말입니다.

'나는 버스에서 내리는 데 5초가 걸리는 사람이고, 휠체어를 탄 저 여성은 2분이 걸리는 사람이다.' 그들은 단지 그렇게 생각하는 것 같았습니다.

슈셴의 눈에 비친 프랑스 사람들은 고향에 있는 중국 사람들과는 사뭇 달랐습니다. 나이 든 사람들이 힘들게 길을 걸어가더라도 먼저 나서서 도움을 주지는 않습니다. '저렇게 걸어 다니기 힘드실 텐데' 하는 안쓰러운 생각이 드는데도 절대 끼어들지 않는 것입니다. 할아버지, 할머니들은 슈퍼에 나와 물 한 병을 사면서 살아 있다는 것을 느끼고, 스스로 가능할 때까지 혼자 힘으로 살아갑니다. 프랑스의 18세 이상 젊은이들이 부모에게 의지하지 않고 경제적·정서적으로 독립된 삶을 살아가듯이, 나이 든 노인들 역시 그런 삶을 살고 있다고 인정합니다. 지팡이에 의지해 천천히 걷고, 거친 숨을 몰아쉬며 장을 보는 것을 나이 든 사람들이 살아가는 방식으로 이해합니다.

단, 도움이 필요할 때 요청하는 일에도 익숙합니다. 대부분의 사람들은 그런 요청을 거절하지 않고요.

"날 좀 도와주세요."

"빨리 못 건너겠군요. 길 좀 같이 건너주세요."

"약국까지만 같이 가주세요."

공존이란 나이 든 사람, 휠체어를 탄 사람, 지팡이를 짚은 사람들이 길을 가는 방식을 이해하고 인정하는 것입니다. 그들에게 뛰라고 말하지 않고, 빨리 가라고 요구하지 않고, 그들을 밀어내지 않습니다. 그렇게 같은 땅을 밟으며 함께 길을 가는 것입니다. 함께 살아가기 위해 조금 기다릴 줄 아는 마음, 그것이 민주시민 한국인의 마음입니다.

＊이 글을 제공해 주신 한세대 홍숙영 교수님께 감사드립니다

나눔의 추수감사절 식사

민주시민 : 냉정하면서도 따뜻한 개인주의자들

어느 늦가을이었습니다. 토끼 올드맨은 작지만 따뜻한 집에서 순무를 먹고 있었습니다. 올드맨은 다른 친구들이 무엇을 하는지는 그다지 신경 쓰지 않았습니다. 그 날도 열심히 혼자서 겨울나기 준비를 했습니다. 운동도 열심히 하고, 몸을 따뜻하게 하면서 추위를 이겨내려 했습니다. 더 추워지기 전에 먹을 것을 더 많이 준비하기 위해 올드맨은 큰 자루를 등에 지고 농부 드와이어의 옥수수 밭으로 갔습니다.

그곳에서 약간의 옥수수 이삭과 알이 찬 옥수수 세 개를 발견했습니다. 조금 더 가니 순무와 홍당무, 사과가 있었습니다.

"오늘은 수확이 좋군 그래."

농부의 창고 문 아래로 몸을 바짝 숙여들어 간 올드맨은 감자와 양파, 토란 등을 자루에 담았습니다. 집으로 돌아온 올드맨은 자루 속에 든 것을 모두 쏟았습니다. 신이 난 그는 푸딩을 만들기 시작했지요.

"난 나이 들었지만, 정말 지혜로운 토끼야. 어디서 음식을 구하는지 잘 알거든."

그때 나무 위에서 혼잣말 소리가 들렸습니다. 이웃에 사는 다람쥐 빌리였습니다.

"어휴 추워."

"빌리! 어딜 그렇게 급히 가는 거야?"

"춥고 배가 고파서지. 올 겨울을 어떻게 견디지? 오전 내내 돌아다녀봤지만 먹을 것을 못 구했어."

빌리가 가고 나서 얼마 후 낙엽에 무언가가 닿는 소리가 들렸습니다. 올드맨이 창을 여니 생쥐 몰리가 오들오들 떨고 있었습니다.

"추운 게로구나."

"추위뿐만이 아니야. 먹을 것이 하나도 없어. 이제 더 추워지면 어떡하지?"

이렇게 말한 몰리는 슬픈 표정을 지으며 가버렸습니다.

그러자 이번에는 박새 토미가 지나가며 불평하는 소리가 들렸습니다. 온화하고 느긋한 품성을 지닌 토미도 추운데다 쌀 한 톨도 보지 못했다며 투덜거렸습니다.

거품을 내며 끓는 푸딩을 젓던 올드맨의 머릿속에 한 가지 재미있는 생각이 떠올랐습니다.

'왜 진작 이 생각을 못했을까?'

올드맨은 앞치마를 두르고 제일 멋진 식탁보를 테이블에 깔았습니다. 그리고는 가장 아끼는 그릇들을 꺼내어 식탁 위에 놓았습니다. 푸딩을 식탁 중앙에 놓고 올드맨은 그 주위에 순무와 옥수수, 감자, 홍당무를 차려놓았습니다. 준비가 끝나자 올드맨은 문을 열고 밖으로 나가 외쳤습니다.

"빌리야, 몰리야, 토미야! 빨리 우리 집으로 와. 식사 준비가 다 됐

단다. 같이 저녁 먹자!"

나뭇가지 위에서, 덤불 사이에서 뛰어나온 그들은 눈을 반짝이며 올드맨에게 물었습니다.

"어? 정말? 내 친구들도 배고파하는데 같이 가도 되지?"

"그럼! 어서 데려와!"

그들은 추위와 배고픔에 떨고 있는 다른 친구들까지 데리고 올드맨의 집으로 왔습니다. 잘 먹겠다는 말도 없이 그들은 먹느라고 정신이 없었고, 올드맨은 열심히 그들이 달라는 음식과 음료수를 날라 주었습니다. 그러느라고 정작 자신은 한 입도 먹지 못했지만 올드맨은 배가 고프지 않았습니다. 친구들과의 만찬이 끝나고 식탁 위의 그릇들이 텅 비어버렸을 때, 토미가 말했습니다.

"추수 감사절 식사를 차려준 올드맨에게 박수를 보내자."

친구들은 힘차게 감사의 박수를 보냈습니다.

그러자 어리둥절해진 올드맨이 말했습니다.

"어? 오늘이 추수 감사절이었어? 난 그것도 몰랐네."

이 이야기의 토끼 올드맨은 개인주의자이자 모두와 함께하는 시민이라고 할 수 있습니다. 우리는 개인주의를 이기주의와 혼동하는 경우가 종종 있습니다. '개인주의라서 어울리기 싫어한다', '자기 것만 챙긴다'는 비난을 하기도 합니다. 하지만 둘은 명백하게 다릅니다. 개인주의란 타인이 어떻게 되든지 상관없다는 것이 아니라 타인의 일에 쓸데없이 간섭하지 않는 것을 의미합니다. 타인의 잘잘못에 신경 쓰기보다 그럴 시간에 내 일을 잘 하겠다는 생각입니다. 그리고 타인도 자신의 내실을 탄탄히 하기를 바라는 것입니다. 그것은 이기주의

처럼 나만 잘 살겠다는 것이 아닙니다.

올드맨은 남이 어찌 하는가에 눈길을 줄 새도 없이 그저 자신의 먹을거리를 열심히 준비했습니다. 그리고 자신의 일을 마치자 따듯한 눈으로 주위를 둘러보았습니다. 올드맨은 배고픔에 떨고 있는 친구들에게 자신이 준비한 것을 나누어 줌으로써 그들과 공존하려 했습니다. 쓸데없이 간섭하지 않지만 나눔이 필요하면 직접 나서서 나눌 수 있는 사람, 그런 사람이 바로 진정한 민주시민입니다.

참고자료
희망을 안겨주는 삶 이야기 조르쥬 상드 외 지음 | 이주란 엮음 | 백암 | 1998년

조안 서덜랜드의 감동의 아리아
민주시민 : 남과 보조를 맞추기 위해 한 발 물러서는 사람들

호주 출신의 유명한 소프라노 조안 서덜랜드가 1959년 영국 런던에서 오페라 '람메르무어의 루치아(Lucia di Lammermoor)'를 공연할 때 있었던 일입니다. 조안이 영국에서 공연하는 것은 이번이 처음이었지요. 영국의 오페라 팬들은 이 공연에 많은 기대와 관심을 쏟았습니다. 신문과 방송은 앞 다투어 조안에 대한 뉴스를 보도했고, 사람들은 그녀의 움직임 하나하나에 열광했습니다. 오페라의 표는 일찌감치 매진되었고, 극장 앞에는 환불되는 표라도 구해보려는 사람들로 발 디딜 틈이 없을 정도였습니다.

그러나 대중들의 열광과는 달리, 주최측과 연출자는 콧대 높기로 소문난 프리마돈나 조안이 자신들의 이런저런 요청에 고분고분 협조해줄 것인지, 다른 무대에서만큼 뛰어난 기량을 런던에서도 제대로 발휘할 수 있을지 무척 걱정이 되었습니다. 워낙 인기 있는 스타이니만큼 그녀의 기분을 맞추지 않고서는 성공적인 공연을 기대할 수 없었던 것입니다.

조안이 런던에 도착한 후 오페라의 본격적인 연습이 시작되었습니다. 조안의 상대역인 테너 주앙 지빈도 함께 연습했습니다. 둘은 누가 더 청중들을 매료시키고 인기를 얻을 것인가 경쟁하는 사이가 되었습니다. 서로 자존심과 목소리를 높여가며 연습을 계속하였지만, 연출자인 프랑코는 툭하면 민감한 모습을 보이는 조안 때문에 연습기간 내내 긴장하지 않을 수 없었습니다.

그런데 공연이 임박했을 때, 의외의 문제가 생겼습니다. 조안이 아니라 주앙의 건강이 갑자기 악화된 것입니다. 주앙의 병은 공연을 연기하거나 취소해야 할 정도로 심각했습니다. 당연히 주최 측도 조안도 긴장할 수밖에 없었습니다. 그러나 주앙은 관객들의 기대를 저버릴 수 없다며 몸을 추슬러 무대에 서겠다고 고집을 부렸습니다. 출연하기로 되어 있는 배우가 나오지 않는다면 관객들도 항의를 할 것이고 환불을 요구할 판이었습니다. 밤새도록 고민하던 극장 측은 어쩔 수 없이 예정대로 막을 올리기로 했습니다.

드디어 공연 당일, 기대에 부푼 관객들이 속속 몰려들었습니다. 무대의 막이 오르고 주앙이 먼저 노래를 부르기 시작했습니다. 시원시원하게 목소리를 뻗어내던 평소와는 달리, 주앙은 작은 목소리로 힘겹게 노래를 불렀고, 그런 그의 모습에 관객들은 의아해했습니다. 관객들은 숨소리마저 고요하게 죽이고 '주앙에게 무슨 문제가 있겠거니' 하고 생각했습니다.

이어서 조안이 아리아를 부르기 위해 등장했습니다. 청중들은 그녀만은 크고 시원시원한 소리를 낼 것이라고 기대했습니다. 그녀의 실력을 마음껏 뽐낼 것이라고 말입니다.

그렇지만 청중들의 기대와는 달리, 그녀는 가장 약하고 작은 소리로 노래를 부르는 것이었습니다! 작지만 너무나 아름다웠고, 관객들은 숨소리도 내지 않고 긴장한 채 가냘프게 이어지는 천사의 소리를 들었습니다. 그녀의 아리아가 끝날 때까지 무대와 객석 사이에는 그 어느 공연에서도 맛볼 수 없었던 깊은 교감이 이루어졌습니다.

마침내 아리아가 끝나자, 말 그대로 열화와 같은 박수가 터졌습니다. 감동을 주체하지 못한 사람들이 하나 둘 일어서서 환호하기 시작했습니다. 열광적인 기립박수가 끝도 없이 울려 퍼졌고, 이날 공연은 런던 오페라 역사의 전설로 남게 되었습니다.

주앙의 목소리에는 힘도 없고 기교도 없었으므로, 조안은 마음껏 목소리를 뽐내 자신을 더욱 돋보이게 할 수 있었습니다. 영국에서의 첫 무대이니만큼 자기의 재능을 보여줄 수 있는 절호의 기회였지요. 자기와 비교의 대상이 될 주앙에 비해 조안은 유리한 위치에 있었지만 그녀는 그와의 경쟁심을 버리고 한 걸음 물러났던 것입니다. 그녀는 무대의 일부분인 자신이 아니라, 공연의 전체적인 조화를 생각했습니다. 상대방의 입장에서, 그리고 관객의 입장에서 이 공연을 바라보고 자신이 남자 주인공 주앙의 목소리에 맞춰주는 것이 옳다고 믿었습니다. 그래서 조안이 자신의 재능을 뽐내지 않고 한 걸음 물러서서 다른 이들을 배려한다는 사실을 알고 관객들은 더욱 진한 감동을 느꼈습니다. 그 결과 주앙도, 조안도, 청중도, 이 이야기를 전해 듣는 우리들도 행복을 맛볼 수 있었습니다. 헤아리며 공존하는 마음, 민주시민의 으뜸 덕목입니다.

프리마돈나 조안 서덜랜드

호주 출신의 소프라노 조안 서덜랜드(1926~)는 세계 3대 테너라 불리는 루치아노 파바로티와 명콤비를 이루며 '람메르무어의 루치아', '사랑의 묘약(L'Elisir d'amore)', '춘희(La Traviata)' 등 세계인들에게 사랑받는 레퍼토리를 갖고 있는 아름다운 목소리의 주인공이다. 1952년에 데뷔하고 1990년에 고별무대를 가지기까지, 그녀는 전설적인 소프라노 마리아 칼라스의 뒤를 이어 세기의 프리마돈나로 불렸다. 사람들은 흔히 그녀를 가리켜 '신의 소리를 훔친 여인'이라고 극찬을 할 정도다. 1976년부터 피아니스트인 남편 리처드 보닝게와 함께 시드니의 오페라 하우스를 운영하고 있다.

참고자료
서양사의 에피소드 이창범 지음 | 백양출판사 | 1999년

방글라데시에서 온 까무잡잡한 아이

민주시민 : 나와 다르다고 하여 멀리하지 않는 사람들

새 학기가 시작되었습니다. 초등학교 2학년 중혁이네 교실은 개구쟁이 아이들의 장난으로 온통 떠들썩합니다. 그때, 교실 문이 드르륵 열리더니 선생님이 처음 보는 아이의 손을 잡고 나란히 교실로 들어섰습니다. 교실은 금세 조용해졌고, 아이들의 눈길은 모두 그 아이에게로 쏠렸습니다. 그런데 모두들 그 아이를 보자마자 눈을 둥그렇게 떴습니다. 까무잡잡한 얼굴에 깊게 패인 쌍꺼풀, 기다란 속눈썹을 가진 그 여자아이는 얼핏 보아도 보통 아이들과 많이 달랐거든요.

"여러분, 오늘 새로 전학 온 친구인 블랑카를 소개하겠어요. 블랑카는 멀리 방글라데시라는 나라에서 왔습니다. 블랑카를 한국에서 교육시키고 싶어서 가족들이 함께 우리나라로 왔다고 해요. 낯선 나라에서 블랑카가 잘 적응할 수 있도록 도와주면서 친하게 지내길 바라요."

"네!"

아이들은 큰 소리로 대답했습니다.

블랑카는 중혁이네 집 근처에 살아서 등교길에 항상 마주칩니다.

하지만 중혁이는 블랑카를 부르지 않았습니다. 중혁이는 수줍음이 무척 많은 아이였거든요.

블랑카는 아직 친구를 사귀지 못한 것 같았습니다. 중혁이는 오늘도 쉬는 시간에 놀이터 모래밭에서 혼자 노는 블랑카를 물끄러미 바라보았습니다. 잠시 후 블랑카가 그네를 타려고 다가갔습니다. 그러자 5학년 형들이 "너는 외국인이니까 우리 그네를 탈 수 없어!"라고 말하며 막아섰습니다.

교실에서는 동준이가 블랑카의 큰 눈을 놀려댔습니다.

"블랑카는 눈이 왕방울만 해서 날아가는 파리가 집인 줄 알고 들어가겠다!"

그러자 반 아이들이 모두 "와하하~" 하고 웃었습니다.

수요일 점심 시간에는 이런 일도 있었습니다. 담임선생님이 반 아이들을 둘러보며 물었습니다. "얘들아, 오늘은 누가 블랑카와 함께 식당에서 점심을 먹겠니?"

아이들은 갑자기 꿀 먹은 벙어리처럼 서로의 얼굴을 바라보기만 할 뿐 아무도 선뜻 나서지 않았습니다. 할 수 없이 담임선생님이 블랑카와 점심을 먹었습니다.

새 학년이 시작된 지 2주일이 지났습니다. 아이들은 새로운 친구를 사귀었고, 교실은 언제나 아이들의 재잘거림으로 소란스러웠습니다. 그러나 블랑카는 늘 혼자였습니다. 여전히 혼자서 학교를 오갔고 쉬는 시간에는 운동장 놀이터 모래밭에서 혼자 놀았습니다. 물론 점심도 혼자서 먹어야 했지요.

금요일 오후였습니다. 담임선생님은 아주 특별한 사람을 초대하셨습니다. 선생님은 칠판에 커다랗게 '안젤리나 킴'이라고 쓰셨습니다.

다부진 몸에 빛나는 눈을 가진 그 분은, 피겨 스케이팅 미국 올림픽 대표선수였다고 합니다. 선생님의 안내로 아이들과 인사를 나눈 안젤리나 킴은 자신이 살아온 이야기를 진지하게 들려주었습니다.

"나는 다섯 살 때 미국으로 건너갔어요. 어렸을 때는 말이 잘 안 통해서 친구 사귀기가 무척 어려웠지요. 하지만 어느 날 옆집에 사는 낸시라는 여자아이가 날 집으로 초대해 줬어요. 우리 둘은 아주 특별한 친구가 되었지요."

안젤리나 킴은 소중한 친구를 만나는 것이 얼마나 중요한지를 이야기했습니다. 그리고 올림픽에 출전하기까지 얼마나 힘들고 고된 훈련을 했는지에 대해서도 이야기했습니다.

"나는 까만 눈에 몸집도 작고, 피부색도 달랐어요. 하지만 외모나 언어가 좀 다르다고 해서 이상한 눈으로 바라보는 사람은 아무도 없었답니다. 학교 다니면서 따돌림 당한 적도 없고요. 선생님은 겉으로 보이는 것보다 마음 됨됨이가 중요하다고 항상 말씀하셨지요. 덕분에 나는 다른 걱정 없이 운동에 열중할 수 있었고, 올림픽에도 당당히 출전할 수 있었어요."

안젤리나 킴이 이야기를 마치자 아이들은 길게 박수를 쳤습니다. 사인을 해달라고 부탁하는 아이도 있었습니다.

안젤리나 킴이 떠나고 나자 담임선생님은 아이들에게 무엇을 배웠는지, 그리고 새롭게 배운 걸 우리 학급에서 어떻게 적용할 수 있는지에 대해 물으셨습니다. 세홍이가 손을 번쩍 들었습니다.

"자기가 원하는 것을 얻기 위해서는 아주 열심히 노력해야 한다는 걸 배웠어요."

담임선생님은 고개를 끄덕이며 다른 사람은 무엇을 느꼈는지 물으셨습니다. 그러자 성진이가 대답했습니다. "선생님, 저는 친구를 사귀는 것이 아주 중요하다는 것을 알게 되었어요. 특히 친구가 없는 사람에게는 더욱 중요한 일이죠."

그날 아이들은 수업이 끝날 때까지 안젤리나 킴에 대해 이야기를 했습니다. 수업이 모두 끝나고 다들 가방을 챙기고 옷을 입을 때, 담임선생님이 아이들을 둘러보시며 물었습니다.

"오늘 집에 가는 길에 블랑카랑 같이 갈 사람?"

중혁이를 비롯한 몇몇 아이들이 빙그레 웃으며 손을 번쩍 들었습니다.

참고자료
　도덕지능 · 미셸 보바 지음 | 현혜진 옮김 | 한언 | 2004년

여왕폐하의 반대당

민주시민 : 소수파에게도 설 자리를 내주는 사람들

영국에는 '여왕폐하의 반대당'이라는 말이 있습니다. 비록 선거에서 대다수 국민들의 지지를 얻는 데 실패한 소수파이지만 야당도 여왕폐하에게 충성을 바치는 정치집단으로서의 기능을 발휘한다는 뜻입니다. 소수파라고 해서 항상 반대하거나 훼방만 놓는 것이 아니라, 다수파가 귀담아 들어야 할 중요한 부분이 있다는 것입니다.

실제로 영국의 역대 수상들은 중요한 정책을 도입할 때나 위급한 문제가 생겼을 때, 자신이 속한 정당의 각료들과 상의하기 전에 먼저 야당의 당수에게 알리는 전통이 있다고 합니다. 빅토리아 여왕은 다수파인 수상보다 소수파인 야당 당수를 더 자주 만났다고도 합니다. 다수의 힘으로 밀어 붙이기 전에 소수파에게 의견을 말할 수 있는 기회를 주자는 것입니다. 이런 식으로 영국에서는 정권을 잡고 있는 여당과 소수파인 야당이 함께 문제를 해결하고 공존해 나가는 방식이 자리 잡고 있습니다.

민주주의 원칙이라 하면 무엇이 떠오릅니까? 아마 가장 중요한 것으로 '다수결 원칙'이 떠오를 것입니다. 무조건 많은 사람이 지지하는 방안이 옳다고 결정해버리는 것은 결코 바람직하지 못합니다. 소수의 의견이 묵살되고, 몇몇 사람들은 결정된 것에 불만을 갖게 될 수도 있기 때문입니다. '다수결은 곧 민주주의'라고 배운 많은 사람들은, 다수의 의견이 소수의 의견보다 당연히 더 합리적이고 시의적절하다고 믿는 경향이 있습니다. 소수파의 입은 봉쇄한 채 다수파만 목소리를 낼 수 있다는 잘못된 생각을 하는 사람도 많습니다. 이런 경우 다수결 원칙을 빙자하여 사실상 '다수의 횡포'를 불러오게 됩니다. 소수의 의견을 무시해 버리면, 끊임없이 갈등과 싸움이 그치지 않을 것입니다.

다수결의 원칙이 진정 의미를 갖기 위해서는, 소수파의 의견을 충분히 들어보고 토론과 설득의 과정을 통해 공감대를 형성해야 합니다. 그러면서 각자 조금씩 양보하고 타협함으로써 소수파의 마음속에 도사리고 있는 불만과 적개심을 풀고 흔쾌히 결과에 동의할 수 있도록 해야 합니다. 비록 최종적인 결정은 다수결에 의해 이루어지더라도, 이미 충분한 토론과 설득의 과정을 거쳤다면 소수파도 나름대로의 역할, 즉 비판과 대안 제시를 할 만큼 했다는 자부심을 느낄 수 있습니다. 토론이란, 말로는 싸우면서도 가슴으로는 서로의 생각을 이해하게 되는 과정입니다.

의견 대립이 있는 사안을 결정할 때 많은 사람들이 참가하여 토론의 과정을 거치면 시간이 많이 걸리고 전문성이 떨어진다는 지적이 있습니다. 토론에 참여하는 사람들이 관련 분야의 전문가가 아니라는 것이지요. 그러나 전문가에겐 전문가적 편견이 있고, 나무만 보고 숲을 보지 못하는 단점도 있습니다. 최대한 많은 사람들의 의견을 반영

하려는 과정에서, 여러 분야에 몸담은 사람들이 다양한 경험과 지혜를 나누고 서로의 관점을 이해할 수 있게 됩니다. 이러한 일에는 결과보다 과정이 더 중요합니다.

약간 비능률적이라 해도 소수파의 의견을 존중하고 수렴하고자 노력하는 것이 모두가 공존할 수 있는 길입니다. 다수의 힘으로 소수를 눌러버리지 않는, 다수와 소수가 공존하며 더 좋은 결론에 도달하는 것이 진정한 민주주의입니다. 소수파를 밖으로 내몰러 하지 않고 적극적으로 설자리를 마련해 주는 사람들이 사회를 따듯하게 합니다.

참고자료
　　〈국민일보〉 국민논단 '다수결 원칙과 衆寡不敵'　전병룡 | 2001년 12월 14일

먹여서는 안 되는 음식?

민주시민 : 똘레랑스를 실천하는 사람들

한국에서 디자이너로 활동하던 박미영 씨는 무역회사 주재원으로 발령을 받은 남편과 함께 유럽의 한 도시로 이사를 하게 되었습니다. 아이가 생기지 않아 마음고생이 심했던 그녀가 이국땅에서 아이를 가졌을 때의 기쁨은 이루 말로 표현할 수가 없을 정도였습니다. 남편도 건강하게 태어난 아기를 안고 너무 좋아서 어쩔 줄을 몰라 했습니다.

아이가 한창 예쁜 재롱을 부리기 시작할 무렵, 미영이 어떤 디자인 회사에서 일하게 되었습니다. 아이를 돌봐줄 공립 유아원에 자리가 나기를 기다리던 미영에게 드디어 소식이 왔습니다.

아이를 데리고 유아원을 찾은 미영에게 원장은 종이 한 장을 내밀었습니다. '예방접종, 담당 의사, 태어난 곳, 부모의 상황…' 종이에 적힌 항목을 읽어가던 미영은 한 곳에서 시선을 멈췄습니다.

'먹여서는 안 되는 음식?'

미영은 이 항목이 뭘 뜻하는지 이해할 수가 없었습니다. '애들은 무엇이든 골고루 잘 먹어야지, 먹여서는 안 되는 음식이 어딨어? 이

곳 사람들은 말고기를 먹는다고 하던데 그런 걸 아이들한테도 먹이는 건가?'

한참을 생각하던 미영은 용기를 내어 원장에게 물었습니다.

"원장님, 먹여서는 안 되는 음식이 도대체 뭘 뜻하는 거죠?"

그러자 원장은 말했습니다.

"아, 그거요? 뭐 종교적인 이유로 금기시하는 음식들이 있잖아요. 이슬람교 같은 경우는 쇠고기나 돼지고기를 금하니까요. 하지만 애들은 어른들이 주는 대로 먹잖아요. 나중에 아이들이 자라서 종교적 규율을 익히고 난 후, 어릴 적 모르고 고기를 먹었다는 걸 생각하면 얼마나 속상하겠어요? 아마 부모님이나 유아원 선생님, 나아가서는 국가를 원망하게 될지도 모르죠."

"아~! 이제 무슨 말인지 이해가 되네요."

"그래서 저희는 부모가 원하면 이슬람교를 믿는 아이들에게는 고기 대신 계란이나 생선으로 된 식단을 따로 마련합니다. 혹시 한국에서도 금기시하는 음식이 있나요?"

"아니요. 특별히 그런 건 없어요."

"꼭 그런 게 아니라도 아이가 먹으면 알레르기를 일으키는 음식이 있으면 알려주세요. 아이들은 먹는 것에 매우 민감해요 알레르기를 일으키면 응급처치를 해야 하기도 하고요. 일상적으로 먹는 우유나 계란 알레르기가 있는 아이들도 있거든요. 꼭 알아야 해요"

미영은 유아원의 생각에 깊은 인상을 받았습니다. 그들은 '10개월 된 아기가 뭘 알겠어?'라고 생각하지 않습니다. 아기가 속한 문화나 종교의 구성원으로 대할 뿐만 아니라, 모든 문화와 종교를 인정하고 배려한 것입니다.

서유럽 사회 깊숙이 뿌리 박혀 있는 상대방의 종교와 문화, 성향 등을 인정하는 태도는 우리가 본 받을 만한 것입니다.

정치적 이유로 프랑스에 망명한 이후 파리에서 오랫동안 택시운전사를 했던 홍세화 씨는 그의 저서 《나는 빠리의 택시운전사》에서 프랑스 사회는 '똘레랑스가 있는 사회'라고 말합니다. 프랑스의 똘레랑스란 '다른 사람이 생각하고 행동하는 방식 및 정치·종교적 의견의 자유에 대한 존중'을 뜻합니다. 프랑스인들은 정치적 이념이나 종교적 신념을 강제로 바꿀 수 있다고 믿는 것은 인간성을 이해하지 못한 데서 나온 것이라고 여깁니다. 인간만이 가질 수 있는 이념이나 신념에 대한 모독이라는 것입니다. 프랑스인들이 말하는 똘레랑스란, 이처럼 상대방의 정치적 의견이나 사상, 이념 등을 존중하는 동시에 자신의 사상과 이념도 인정받는 것을 말합니다.

한국에서는 수저로 밥을 먹습니다. 그러나 인도에서는 손가락으로 밥을 먹습니다. 인도인들은 한국인들을 보고 '누구 입에 들어갔다 나온 줄도 모르는 더러운 수저로 어떻게 밥을 먹을 수 있지?' 하고 의아하게 여깁니다. 그런데 한국인들은 인도인들을 보고 '온갖 미세먼지와 세균이 우글우글 붙어 있는 손가락으로 밥을 먹다니…. 에잇, 불결해!' 합니다.

한국인도 인도인도 더럽지 않습니다. 단지 서로의 문화가 다를 뿐입니다. 문화는 맞고 틀리는 것의 문제가 아니라, 서로 다른 삶의 방식이 쌓이고 쌓여 다르게 나타나는 것일 뿐입니다. 한국인이나 인도인이나 자신들의 독특하고 개성 있는 문화를 이어 받아 건강하게 살아가고 있습니다. 중요한 것은 서로 우열을 다투려 하기보다는 서로

인정하고 서로 배우려 하는 마음, 똘레랑스입니다. 그래야 진정으로
서로 헤아리며 공존할 수 있습니다. 그것이 바로 지구촌 시대의 시민
정신입니다.

＊이 글을 제공해 주신 한세대 홍숙영 교수님께 감사드립니다

참고자료
　　나는 빠리의 택시운전사　홍세화 지음 | 창작과비평사 | 1995년

"마, 이 호박만 다쳐봐라.
너그 교회는 끝장난데이"

민주시민 : 너를 인정함으로써 나를 자리매김하는 사람들

제가 한 동네에서 막 교회개척을 시작하려고 지하 방공호를 팔 때, 만났던 한 할머니가 계십니다. 예전부터 그 동네 터줏대감이었던 할머님은 동네에서 '경상도 할머니' 라 불리는 굉장히 억세고 거친 분이셨습니다. 게다가 공교롭게도 철저한 불교 신자였습니다. 문제는 동네에서 이 할머니한테 잘못 걸렸다 하면 뼈도 못 추리게 혼쭐이 난다는 사실이었습니다. 누구든지 이 할머니한테 걸리면 그 동네에서 살아남기 힘들 만큼, 할머니의 입심은 무서운 것이었습니다.

내가 그 동네에 들어갔을 때 이 할머니의 텃세에 대해 누군가가 살짝 귀띔해 주어 늘 조심하고 있던 차였습니다. 그러던 어느 날 방공호 터에 할머니가 호박을 심었습니다. 그 터는 내가 돈을 주고 산 것인데 할머니 마음대로 호박을 심더니 내게 와서 이러는 것이었습니다.

"젊은 양반, 여다가 건물 지을끼가?"

그렇다고 대답했더니 이 할머니 다짜고짜 이렇게 말씀하시는 것입니다.

“그라도 이 호박은 내가 싱근 기니까 가을까지는 마 절대로 건드려 서는 안 된데이. 만이래 건드렀다간 큰일 난데이.”

호령하듯이 무섭게 말씀하시는 것이었습니다. 나는 너무 황당해서 한참 동안 말을 잇지 못했습니다. ‘할머니 말씀을 무시하고 그냥 내 권리를 주장할까?’ 하고 생각도 해보았습니다. 그러나 이 할머니께 어떻게 하느냐가 곧 동네 사람들에게 보이는 나의 얼굴이자 교회의 얼굴이라 생각하고 황당한 마음을 달래었습니다. 저는 최선을 다해 웃으면서 할머니께 말씀드렸습니다. 그러자 할머니는 또 대뜸 이렇게 말씀하시는 게 아닙니까?

“마, 이 호박만 다쳐봐라. 너그 교회는 끝장난데이.”

“예. 잘 알겠습니다. 알았어요. 할머니.”

그렇게 일단락을 짓고 공사가 시작되었습니다. 그런데 막상 교회를 짓기 시작하자 그 호박 심은 자리가 문제였습니다. 건물은 50평이었지만 땅을 팔 때는 훨씬 더 넓게 파야 되는데 그 자리가 문제가 되어 더 파지를 못하는 것이었습니다. 자재를 쌓을 자리도 없어 인부들도 화를 내기 시작했습니다. 자재를 옮길 때에도 직선으로 가면 될 것을 돌아서 가야 하니 화를 낼 만도 했습니다. 그때마다 인부들은 호박을 뽑아버리겠다고 나서고, 나는 그걸 말리느라고 애를 썼습니다. 인부들과 싸우기도 하고 달래가기도 하면서 그 호박을 가을까지 지켜냈습니다.

가을이 되어 호박이 열리자 할머니는 호박을 한 아름 따들고 왔습니다. 그러면서 당신이 객기로 그냥 한번 해본 말인데, 젊은 양반이 그걸 지키기 위해 애쓰는 모습이 대견하다며 칭찬을 하시는 것이었습니다.

교회 공사를 시작하기 전에 교회는 지어야 되겠고 돈은 없고 해서 매일 그 빈터에 나와서 기도하다 울다가 하는 일이 있었는데, 그 모습을 보신 할머니가 웬 젊은 양반이 매일 저렇게 새벽마다 우나 싶었다는 말씀까지 했습니다. 나중에 알고 보니 교회 전도사라 길래 그냥 객기로 호박을 심어 건드리지 말라고 했는데, 진짜 그 약속을 지킬 줄은 몰랐다는 것이었습니다.

"마, 이런 양반은 처음이데이."

그 할머니는 이후 우리 교회에 대해 좋은 마음을 갖게 되었습니다. 할머니는 '철저한 불교 신자라 교회는 못 나가지만 생각은 좋게 하고 있다' 는 말씀을 해주었습니다. 그러더니 어느 날부터는 누군가 그 동네로 이사 오기만 하면 할머니가 제일 먼저 그 집에 달려가 종교가 뭐냐고 묻기 시작했습니다. 기독교라는 대답을 들으면 할머니는 늘 우리 교회를 칭찬하며 추천하였습니다.

만약에 내가 그 할머니의 말씀을 무시한 채 호박을 뽑아버리고 공사를 했다면 동네 안에서 나와 우리 교회의 이미지는 어떻게 되었을까요. 아무리 생각해 봐도 인부들과 싸워가며 호박을 지켜낸 것이 정말 잘한 일이라는 생각이 듭니다.

이 글은 김학중 목사가 지은 《행복한 습관》이라는 책의 한 토막인데 너그러움이 날카로움보다 얼마나 더 사람의 마음을 파고드는지를 잘 보여주고 있습니다.

어떤 교수가 시험감독을 하는데 끝날 시간을 10분쯤 남겨두었을 때 미리 답안지를 내고 나간 학생이 복도에서 큰 소리로 1번의 답은 어떻게 써야 한다고 떠드는 소리를 들었습니다. 교수는 문을 열고 그 학생을 불러들였습니다. 학생이 긴장한 얼굴로 교수 앞에 서서 처분을 기다리고 있는데 교수는 이렇게 말했습니다.

"자네 이 답안지를 학번 순으로 좀 정리해 주겠나?"

"네?"

호되게 야단을 맞을 것으로 예상했던 학생은 부드러운 교수의 말에 순간 당황했지만 이내 조심스럽게 수북이 쌓인 답안지를 정리했습니다. 그 학생이 시험지를 정리 하는 동안에 서너 명 남았던 학생들이 모두 답안지를 제출했고 시간이 다 되었습니다. 교수는 정리된 답안지를 받아들면서 학생의 어깨를 툭 쳤습니다.

"자네 수고했네."

학생은 고개를 숙이고 싱긋 웃었습니다.

가끔 우리는 남의 잘못에 대해서 날카롭게 지적하고 싶어합니다. 하지만 잘못한 사람이 있기에 새로운 잘못을 예방할 수 있고, 지금은 잘못이라고 생각하지만 나중에는 그 말이 더 옳을 수도 있습니다. 남의 잘못을 날카롭게 공격하기보다 잘못을 포용하고 더 큰 잘못을 저지르지 않도록 하는 것. 그것이 더불어 공존하는 삶의 슬기입니다.

법으로 따지거나 힘으로 겨루면 도무지 상대도 안 될 약자에게 오히려 강자가 조금 물러서 주고, 유리한 위치에 서 있는 사람이 불리한 위치에 서있는 사람에게 약간 당해주고, 승자가 패자의 마음을 헤아려 준다면 서로 눈에 불을 켜고 덤벼드는 일은 없을 것입니다. 공존의 진정한 의미를 실천으로 보여주는 사람들이 우리 시대 열린 시민사회를 대표하고 책임지는 사람들입니다.

참고자료
　행복한 습관 김학중 지음 | 한언 | 2004

아름다운 게시판
민주시민 : 외로운 이웃에게 말을 거는 사람들

미국 인디애나폴리스의 어느 초등학교 복도에는 아주 독특한 게시판이 있다고 합니다. 게시판에는 하트 모양의 종이가 빼곡히 꽂혀 있는데, 종이에는 학생들이 친구들에게 전하고 싶은 '고마워', '사랑해' 같은 사연들이 적혀 있습니다. 그 게시판의 이름은 '한 번의 사랑이 세계를 변화시킨다'라고 합니다. 게시판에 적혀 있는 하나하나의 사연들도 무척 아름답지만 그 게시판이 만들어진 이유는 더욱더 아름답습니다.

라이언은 학교에서 거의 말이 없고 전혀 눈에 띄지 않는 학생이었습니다. 그의 가정환경은 무척 불운했습니다. 아버지는 알코올 중독자로 걸핏하면 가족들을 때리고 집안을 난장판으로 만들었고 그때마다 라이언은 두려움에 떨며 벽장에 가만히 숨어 있어야 했습니다. 심지어 누군가에게 아버지의 폭력을 이야기하면 어머니를 더 심하게 때릴까봐 두려워했고, 그래서 선생님과 학급 친구들과도 거리를 두고 아무 말도 하지 않으며 신중하게 행동했습니다. 친구들도 라이언은 우울하고 재미없는 아이라며 따돌리기 시작했습니다.

어느 날 오후, 같은 반인 네드는 점심시간에 혼자 식사를 하는 라이언을 보았습니다. 라이언은 여럿이 모여 떠들고 웃으며 밥을 먹는 친구들을 둘러보고는 조금 떨어진 자리에 앉아 밥을 먹었습니다. 평소에도 말수가 적고 조용한 라이언이었지만, 네드는 라이언이 외로워한다는 것을 알 수 있었습니다. 그래서 네드는 라이언에게 다가가 같이 밥을 먹어도 되겠냐고 물었습니다. 라이언은 자신에게 다가온 네드를 보며 깜짝 놀랐고, 말없이 고개를 끄덕였습니다. 후에 라이언은 누군가가 자기와 같이 식사하고 싶어 한다는 사실에 너무 놀라 하루 종일 네드에 대한 생각만 했다고 합니다.

라이언은 복도를 걸어가면서 네드의 친절함에 어떻게 감사할 것인지 고민했습니다. 그 순간 복도에 마련돼 있는 게시판을 발견하였고, 라이언은 바닥에 떨어진 종이를 집어 재빨리 하트 모양으로 찢어 두근거리는 마음으로 글씨를 썼습니다. '네드, 오늘 나와 같이 점심을 먹어줘서 고마워. 정말 즐거웠어 – 라이언.' 그리고 그것을 텅 빈 게시판에 붙였습니다.

다음날, 다른 학생이 라이언의 쪽지를 읽었습니다. 그 쪽지에 용기를 얻어 그 학생도 라이언이 했던 것처럼 하트 모양의 종이에 고맙다는 문구를 적어 게시판에 붙였습니다. 그리고 또 다른 학생이 그것을 보고 다른 누군가에게 감사의 메시지를 전달하고, 또 누군가 그것을 보고 반복하고…. 그러는 동안 400개가 넘는 하트가 게시판과 복도를 꽉 메웠습니다. 그 어떤 것보다 아름답고 감동적인 장면이었습니다.

라이언은 자기 나름의 방법으로 네드에게 고마움의 마음을 전했습니다. 뿐만 아니라 일부러 라이언을 따돌리고 멀리 했던 모든 학생들에게 어려움에 빠진 친구를 외면하는 행동은 집단 이기주의와 같은 몰인정한 처사였다는 것을 깨우쳐주는 기회가 되었습니다. 먼저 다가가 친구의 외로움을 헤아린 네드의 마음, 우리는 그런 마음을 배려라고 부릅니다.

인기가 없는 라이언과 어울리면 네드도 덩달아 따돌림을 당할 수도 있었을 것입니다. 그러나 네드는 용기 있게 나서서 네드의 외로움을 헤아렸습니다. 학교와 직장, 이웃들과 살아가면서 이러한 따뜻한 배려를 베푸는 것, 이것이 바로 아름다운 세상을 만드는 시민들의 마음입니다.

참고자료
도덕지능 미셸 보바 지음 | 현혜진 옮김 | 한언 | 2004년

가짜 제자와 진짜 스승

민주시민 : 넓은 아량으로 실수를 덮어주는 사람들

조용하고 아담하던 시골마을이 웬일인지 북적북적 부산합니다. 특히 극장 주변에 모여드는 사람이 너무 많아 마을광장이 터져나갈 지경이었습니다. 며칠 후, 극장에서는 피아노 연주회가 열릴 예정이었습니다. 이번 연주회는 유명한 피아니스트 리스트에게 직접 피아노를 배운 여류 피아니스트가 주최하는 것으로 시골에서는 접할 수 없는 제대로 된 실력을 보여줄 것이라는 소문이 돌고 있었습니다.

그런데 공교롭게도 여행 중이던 리스트가 그 마을에 왔습니다. 잔뜩 들뜬 마을사람들의 이야기를 들은 리스트는 자기 제자라는 피아니스트가 누군지 궁금했습니다. 그는 고개를 갸웃하며 길거리에 나붙은 연주회 포스터를 들여다보았습니다. 그러나 포스터에 적힌 여류 피아니스트의 이름이 아무리 기억을 더듬어도 도무지 생각나지 않았습니다. '아, 내 기억력이 이렇게 나빠졌단 말인가?' 그는 오히려 자신의 기억력이 부족하다고 아쉬워했습니다.

그가 호텔에 도착하자 더욱 어리둥절한 일이 벌어졌습니다. 호텔의 종업원들에게 자기의 이름을 말하고 방을 달라고 하자, 그가 유명한 리스트임을 알아본 종업원들이 깜짝 놀라며 반갑게 인사했습니다. "제자의 연주회를 보려고 이 작은 마을까지 오신 거예요? 정말 자상하시네요!" 그저 여행을 하고 있던 리스트는 어이가 없었습니다.

유명한 피아니스트인 리스트가 도착했다는 소문이 순식간에 마을에 퍼졌습니다. 마을사람들은 흥분하기 시작했습니다.

"어머머, 그 유명하신 분이 이 시골에 오셨다고?"

"그 제자가 정말 대단한 사람인 게 틀림없어!"

"덕분에 리스트 얼굴까지 보게 되었군."

그러나 리스트가 도착했다는 사실을 듣고 너무 놀랍고 난처해 어쩔 줄을 몰라 하는 사람이 있었습니다. 바로 그 여류 피아니스트였습니다. 마을사람들이 리스트에 대한 이야기꽃을 피우며 흥분하면 할수록, 그녀는 오히려 이마에 식은땀이 흐르고 마음이 괴로웠습니다. 그녀는 리스트의 진짜 제자가 아니었기 때문입니다. 심지어 서로 만나 본 적도, 얼굴조차 본 적도 없었습니다. 그녀는 피아노의 대가인 리스트의 명성을 이용하면 성공할 수 있을 거라는 생각에 자기가 제자라고 소문을 퍼뜨린 것입니다.

그녀는 심각하게 고민했습니다.

'이대로 도망쳐버릴까? 아니면 리스트에게 찾아가서 사실대로 말하고 용서를 구할까?'

아무리 궁리해 봐도 뾰족한 수가 나오지 않았습니다. 한참 후, 일단 리스트를 만나서 사실대로 말하고 그의 처분을 따르기로 결심했습니다. 거짓말했다는 죄로 체포되거나 망신당하거나 어떤 결과든 달게 받을 각오를 한 것입니다.

호텔에 들어서는 그녀의 온몸이 부들부들 떨렸습니다. 두근거리는 가슴을 가라앉히기 위해 심호흡을 한 뒤 리스트의 방문을 두드렸습니다. 인기척이 들리자 그녀는 문을 열고 방 안으로 들어섰습니다.

"처음 뵙는 것 같은데…, 누구신지요?"

"선생님, 죽을 죄를 졌습니다. 저를 벌하여주십시오!"

"네? 무슨 말씀이시죠? 벌이라니?"

"정말 죄송합니다, 선생님! 저는 내일 피아노 연주회를 할 예정입니다. 그런데 저는 여태까지 선생님의 제자도 아니면서 제자인 척 거짓말을 했습니다. 제가 너무나 큰 거짓말을 했다는 것을 잘 압니다. 전 피아노가 너무 좋고, 피아노 없이는 한 순간도 살 수 없습니다. 어려서부터 오직 피아노만 배웠고 그래서 누구보다도 더 실력 있다고 자신합니다. 그러나 저같이 아무것도 내세울 것이 없는 사람이 연주회를 열면 아무도 찾아주지 않았습니다. 그래서 생각다 못해 선생님의 얼굴을 모르는 시골을 찾아다니며 선생님에게 직접 배운 제자라고 거짓말을 했더니 사람들이 저를 다르게 보기 시작했습니다. 반응이 좋았거든요. 저는 여기서도 똑같은 거짓말을 했습니다. 전 정말 비겁한 사람입니다. 선생님, 화를 내셔도 달게 받겠습니다. 저를 벌하여 주십시오."

그녀는 울먹이며 고개를 떨어뜨린 채 오로지 리스트의 처벌만 기다리고 있었습니다. 그러나 리스트는 화를 내는 대신 차분하고 부드러운 목소리로 말했습니다.

"자, 너무 걱정하지 말고 당신이 가장 잘할 수 있는 곡을 한번 연주해보시오."

리스트는 정중한 태도로 그녀를 피아노 앞에 앉혔습니다. 리스트의 말과 태도가 워낙 부드럽고 진지했기 때문에, 그녀는 겁에 질린 마음을 가라앉히고 하얀 건반 위에 손을 얹었습니다. 그리고 가장 좋아하는 곡을 최선을 다해 연주했습니다. 그녀의 연주가 끝나자 리스트는 잘 친 부분은 어디고 잘못된 부분은 어디라고 지적하며, 부족한 부분을 고치려면 어떻게 해야 한다고 그녀에게 자세히 설명했습니다. 그리고 또다시 치게 하고, 다시 설명하면서 피아노 연주법을 가르쳤습니다.

이렇게 '수업'이 끝나자 리스트가 말했습니다.

"자, 이제 당신은 틀림없이 이 리스트에게 직접 피아노를 배운 제자가 되었소. 더 이상 거짓말 때문에 마음 졸이지 말아요. 성공적인 연주가를 되길 바라오."

리스트의 너그러운 마음 덕분에 그녀의 연주회는 예정대로 열렸고, 무명의 피아니스트는 예상보다 훨씬 더 멋진 솜씨를 선보이며 뜨거운 박수를 받았습니다. 좌석에 앉아 있던 리스트는 청중들에게 답례하는 새로운 '제자'의 모습을 보며 만족스러운 미소를 지었습니다.

가짜 제자는 진심으로 자신의 잘못을 인정했고, 리스트는 헤아리며 공존한다는것이 무엇인지를 행동으로 보여주었습니다. 리스트의 헤아림은 가짜를 진짜로 만들어버렸습니다. 리스트는 피아노의 달인을 넘어 인생의 달인이었습니다.

영국의 극작가 셰익스피어는 "오늘 저지른 남의 잘못은 어제 내가 저질렀던 잘못이라는 것을 잊지 말라"는 말을 남겼습니다. 상대방이 내게 무엇인가 잘못했을 때, 바로 화를 내기보다는 예전에 나 역시 저 사람과 같은 잘못을 범한 적은 없었는지, 혹은 언젠가 나도 같은 잘못을 할 수 있다는 것을 인정할 때 비로소 우리는 상대방을 헤아릴 수 있습니다. 헤아리며 공존하려는 마음이야말로 민주주의를 가꾸는 문전 옥답입니다.

아하!

미래를 향해 창을 내던진 인물, 리스트

헝가리에서 태어난 리스트(1811~1886)는 19세기 초 최고의 피아니스트 이자 작곡가로, 오늘날 보편화된 '피아노 독주회'를 처음으로 만들어낸 인물이다. 8세부터 작곡을 시작하여 체르니와 살리에리의 직속제자가 되었고, 근대 피아노 연주법의 시초가 된 새로운 피아노 작곡 기법들을 고안해 냈다. 당대 쇼팽, 바흐, 베토벤, 베를리오즈, 슈만, 바그너, 파가니니 등 당대를 주름잡던 예술가 및 명사들과 우정을 나누었고, 여인들에게도 인기가 많았다고 한다. 오랫동안 화려하기만 하고 내용은 없는 작곡가로 여겨졌던 그는, 근래에 들면서 당대 음악을 혁명적으로 변화시키고 이후 의 여러 변화들을 예견한 작곡가로서 새로운 평가를 받게 되었다.

참고자료
벌거벗은 처칠 참교육기획 지음 | 유원 | 1999년

"뺨을 때려줘서 감사합니다"

민주시민 : 누구든 동등한 인격체로 대우해 주는 사람들

A씨는 장애인입니다. 그는 미남인데다 예의도 바른 친구입니다. 하지만 그는 장애인으로서 살아가야 하는 자신의 처지를 비참하게 생각했습니다. 그 괴로움을 잠시라도 잊기 위해 술을 마신다고 했습니다. 문제는 그가 술에 취했을 때입니다. 그는 술을 마실 때마다 자원봉사자들에게 사는 게 너무 힘겹다고 호소하다가 끝내는 "아무도 날 이해해줄 수 없어!"라고 울부짖었습니다. 기꺼이 그 하소연을 받아주려고 애쓰던 자원봉사자들까지도 힘들게 했습니다.

하루는 자원봉사자 이성록 씨의 집에서 술판이 벌어졌습니다. 그곳에는 A씨도 끼어 있었지요. 술에 취한 A씨는 언제나 그랬듯이 "너희가 내 맘을 알아? 장애인의 마음을 아냐고?"라면서 자원봉사자들에게 폭언을 퍼부었습니다. 사람들은 모두 안절부절못하며 쩔쩔매고 있었습니다.

참다못한 이성록 씨가 A씨를 막아섰습니다. 이성록 씨도 투병생활을 하며 고통을 겪은 바 있었습니다. 그는 A씨에게 얼마나 힘든지 이

해할 수 있다고, 자기도 마치 이 세상에 홀로 남겨진 것만 같이 외롭고 힘들었다고 이야기해 주었습니다. 하지만 이 자리에 모인 자원봉사자들처럼 서로 돕고 함께 살아가려는 사람들이 있기에 이겨낼 수 있었다고요. 이렇게 좋은 사람들을 만났으니 A씨도 행복한 것 아니냐고 물었습니다. 하지만 A씨는 막무가내였습니다.

"어쨌든 실장님도 장애인은 아니잖아요!"

그는 몸부림을 치며 괴로워했습니다.

철썩!

이성록 씨의 손바닥이 A씨의 뺨을 후려쳤습니다. 그리고 "그래, 우리가 다리 하나씩 잘라버리고 나야 네 마음을 안단 말이냐? 정말 그래야 속 시원하겠니!"라고 소리쳤습니다. 물론 갑작스런 사태에 놀란 A씨는 울음을 그쳤습니다.

훗날 결혼하여 두 아이의 아빠가 된 A씨는 그 날 호되게 따귀를 맞은 기억을 기쁘게 추억한다고 합니다. 난생 처음이었고 어쩌면 마지막이 될 뺨맞음을 그는 오히려 인간적 대우를 받았다고 느낀 것이었습니다. 자기가 술에 취해 어떤 행동을 해도 장애인이라는 이유로 모두가 받아주기만 했지, 보통 친구들처럼 후배처럼 꾸짖어주는 사람은 없었다는 것입니다. 그래서 비장애인들과 똑같이 잘못을 했을 때 야단을 맞은 그 순간, 정말 인간다운 대우를 받는 것 같아 오히려 기쁘고 감사했다고 합니다.

누구나 갑자기 뺨을 얻어맞으면 당장에 주먹을 휘두르며 반격을 하는 것이 정상입니다. 힘이 모자라면 물건을 던지거나 몽둥이라도 휘둘러야 직성이 풀립니다. 그러나 A씨는 화를 내거나 대들기는커녕 오히려 때려줘서 고맙다고 눈물을 흘렸습니다. 이것은 그가 얼마나 진실한 우정에 목말라 있었던가 하는 증거입니다.

우리는 고집이 센 사람, 왠지 이유 없이 껄끄러운 사람, 그리고 상처받기 쉽다고 여겨지는 사람에게는 자신의 의견을 밝히지 않는 경향이 있습니다. 그것을 배려라고 오해하기 쉽습니다. 그래서 그들은 점점 더 자기만의 고집과 편견에 빠져들게 됩니다. 그것은 진정으로 그 사람을 사랑하고 위하는 일이 아닙니다.

장애인에게는 무조건 잘해주기만 해야 한다는 것도 편견입니다. 사람이라면 누구나 잘못을 하게 마련이고, 그럴 때면 진실한 마음으로 따끔한 충고를 할 줄 아는 것이 진정 그를 같은 인간으로서 인정해 주는 일입니다.

참고자료
제4의 물결 자원봉사활동 이성록 지음 | 학문사 | 2002년

나는 얼마나 헤아리며 공존하는 사람일까?

아래의 문항을 잘 읽고, 채점표에서 자신에게 해당되는 칸에 동그라미 표시를 합
니다. 모든 항목에 대한 체크를 마친 후에는 자신의 점수를 모두 더합니다.

01. 나보다 나이가 다섯 살 이상 많거나 어린 상대방과는 말도 잘 안 통
    하고 생각이나 행동하는 방법도 달라서 부담스럽고 불편하다.
    ①그렇다　②그런 편이다　③반반이다　④아닌 편이다　⑤아니다

02. 나와는 전혀 다른 환경에서 살아온 사람이나 전혀 다른 신념을 가
    지고 있는 사람과 대화하는 것이 아주 재미있고 즐겁다.
    ⑤그렇다　④그런 편이다　③반반이다　②아닌 편이다　①아니다

03. 외국인들을 만나면 몸에서 이상한 냄새도 나고 한국인들끼리 어울
    릴 때보다 여러 가지로 신경이 쓰이기 때문에 나는 외국인과는 접
    촉을 하지 않는다.
    ①그렇다　②그런 편이다　③반반이다　④아닌 편이다　⑤아니다

04. 종교가 다르다고 해서 상대방을 나쁜 사람이나 불쌍한 사람으로 여
    기는 것은 올바른 태도가 아니라고 생각한다.
    ⑤그렇다　④그런 편이다　③반반이다　②아닌 편이다　①아니다

05. 실수나 부주의로 나에게 잘못을 저지른 사람이 자기 잘못을 인정하
    고 사과를 해도 그 사람과는 더 이상 가까이 지내고 싶지 않다.
    ①그렇다　②그런 편이다　③반반이다　④아닌 편이다　⑤아니다

06. 나와 다른 학교, 단체, 지역, 문화권에 속한 사람이라고 해서 가까이 하지 않으려 하거나 부정적인 시각으로 바라보지는 않는다.

　⑤그렇다　④그런 편이다　③반반이다　②아닌 편이다　①아니다

07. 다른 사람이 나에 대해 나쁘게 말하고 다닌다는 말을 들어도 그 사람에 대하여 비난하거나 욕을 하지 않는다.

　⑤그렇다　④그런 편이다　③반반이다　②아닌 편이다　①아니다

08. 새로운 친구를 사귀면 그 친구와 나 사이의 공통점보다는 차이점이 더 잘 보인다.

　①그렇다　②그런 편이다　③반반이다　④아닌 편이다　⑤아니다

09. 나보다 강한 사람에게는 당당한 태도를 취하지만 나보다 약한 사람에게는 최대한 부드럽고 친절하게 대한다.

　⑤그렇다　④그런 편이다　③반반이다　②아닌 편이다　①아니다

10. 나와 같은 취미를 가진 사람과 이야기하는 것보다 나와 다른 취미를 가진 사람과 이야기하는 것이 더 재미있고 유익하다.

　⑤그렇다　④그런 편이다　③반반이다　②아닌 편이다　①아니다

11. 외모가 너무 특이하거나 우스꽝스러운 사람들과는 가까이 하고 싶지 않다.

　①그렇다　②그런 편이다　③반반이다　④아닌 편이다　⑤아니다

12. 정치나 사회제도 등에 대해 나와 같은 생각을 하는 사람과는 쉽게
    친해지지만 반대되는 생각을 가진 사람과는 친해지고 싶지 않다.
    ①그렇다   ②그런 편이다   ③반반이다   ④아닌 편이다   ⑤아니다

13. 장애인을 만나면 어떻게 말하고 어떤 행동을 해야 할지 잘 모르겠
    다. 그래서 되도록이면 장애인에게는 가까이 가지 않는다.
    ①그렇다   ②그런 편이다   ③반반이다   ④아닌 편이다   ⑤아니다

14. 심한 사투리를 쓰는 사람을 만나면 잘 알아듣지 못할 때가 있지만,
    그들의 말 속에 담긴 새로운 발상과 표현방법을 배우는 것이 즐겁다.
    ⑤그렇다   ④그런 편이다   ③반반이다   ②아닌 편이다   ①아니다

15. 외국인이 김치도 잘 먹고 된장국도 후루룩 마시며 한국말을 유창하
    게 하는 모습을 보면 왠지 기분이 언짢다.
    ①그렇다   ②그런 편이다   ③반반이다   ④아닌 편이다   ⑤아니다

총계 _______

점수의 총계가 53점 이상이라면

당신은 매우 관대한 사람입니다. 혼자서만 행복해지기보다는, 다같이 서로 존중하며 서로 배려하는 삶을 살고자 노력하는 사람입니다. 당신은 삶의 무게에 치여 힘겨워 하는 사람들의 버팀목입니다. 당신의 관대함이 삭막한 세상에 온기를 불어넣고 있습니다. 그러나 관대함에도 한계가 있습니다. 관대함과 공존은 굴복, 야합, 거래와 다르다는 사실을 잊지 말아야 합니다.

점수의 총계가 38점 이하라면

공존의 의미를 이해하기 위해 좀더 노력해야 합니다. 상대방을 받아들이는 마음이 생기기 위해서는 먼저 상대방과 접촉해보고 상대방을 제대로 알아야 합니다. 더 많은 동호회에 가입하고 지금까지 경험해 보지 않은 분야에 관심을 기울일 필요가 있습니다. 낯선 나라 낯선 도시들을 용감하게 여행해 보고, 보다 많은 낯선 사람들과 어울리며 그들의 사는 방식에 대해 알아볼 필요가 있습니다.

분명한 자기주장이 있다 03

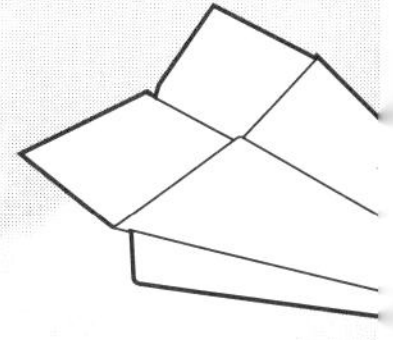

"가만히 있으면 2등은 한다"는 말이 있습니다. 괜히 나서서 설쳐대봤자 망신을 당하고 미운 털이나 박힐 뿐 달라지는 것은 없다는 뜻입니다. 그러나 이건 너무 낡은 생각입니다. 오히려 정답을 말한 사람은 1등, 틀린 답을 말하면 2등, 아무 말도 하지 않고 가만히 있는 사람은 꼴찌가 되어야 합니다. 정답 하나만을 말한 사람보다, 비록 틀리긴 했지만 더 좋은 답을 내놓기 위해 여러 번 시도하는 사람이 더 높이 평가되어야 합니다. 여러 가지 답을 말하는 과정에서 더 좋은 생각으로 발전할 수도, 합쳐질 수도 있기 때문입니다.

필요 이상으로 과묵한 사람은 겸손하거나 수양이 잘 되어 남의 말을 경청할 줄 알아서라기보다는, 함께 고민해야 할 공동의 문제에 무관심하다고 보는 것이 맞을 것입니다. 적극적이고 성실하게 토론에 참여하지 않는 사람은 어디에서도 환영받지 못합니다.

그리고 모두가 다 찬성해도 소신 있게 반대할 수 있는 사람, 당당히 자신의 의견을 밝히며 '아닌 것은 아니다'라고 말할 수 있는 사람이 필요합니다. 자신의 의견을 밝혔을 때, 다른 사람들이 자신에게 찬성하지 않는 것은 화를 내거나 부끄러워 할 일이 아닙니다. 오히려 망신을 당할 것 같다고 몸을 움츠리고 남의 의견에 동의하는 척 침묵하는 게 더 비겁합니다. 그렇다고 무작정 떼를 쓰거나, 나중에 구시렁구시렁 뒷말을 하는 것도 아무 소용없는 일입니다. 비록 다수에 속하지 못할망정 내가 꼭 하고 싶은 말은 소신을 갖고 예의를 갖춰 하는 사람이 많아질수록 우리 사회가 살맛나는 세상이 될 것입니다.

세상에서 가장 비겁한 의견

민주시민 : 중요한 일에 대해선 분명한 자기주장이 있는 사람들

박 부장은 어느 제조회사의 관리부장으로 일하고 있습니다. 어느 날, 회사에서 각 부서의 간부들만 모여 회의를 열었습니다. 지금까지 한 개당 1만 원씩에 팔던 상품을 중국의 어떤 회사가 8천 원씩에 사고 싶다고 제의를 했는데, 20만 개가 필요하다는 것입니다. 판매부장은 그렇게 많은 수량은 지금껏 팔아보지 못했다며, 이 좋은 기회를 놓치지 않기 위해서는 어떻게든 생산원가를 8,000원 이하로 낮춰 거래를 성사시켜야 된다고 이야기했습니다.

"이런 황금 같은 기회를 놓칠 순 없습니다. 우리 회사에 큰 이익을 가져다 줄 거예요." 판매부장이 말했습니다.

"그렇습니다. 정말 좋은 기회로군요. 놓쳐서는 안 될 것 같습니다." 최 부장도 맞장구를 쳤습니다.

그러나 생산부장은 그렇게 많은 양의 물건을 만들기에는 공장의 기계들이 너무 낡았고 기술자들도 경험이 충분치 못하다는 점을 이야기했습니다. 그러므로 생산원가를 낮추기가 어렵고, 섣불리 그 주문을

받아들였다간 큰 손실을 입게 될지도 모른다고 주장했습니다.

생산부장 손해를 보더라도 중국 시장에 우리 회사가 진출한다는 데
의미를 둔다면 모를까, 그렇게 무리해서 거래를 한다고 이
익이 나기란 거의 불가능합니다.

최 부장 맞아요, 중국시장도 좋지만 손해 보는 장사를 왜 하겠습
니까?

판매부장 기술을 개발한 다음, 불가능한 것도 가능하게 만드는 방법
을 연구해야지 지금 안 된다고 그냥 주저앉으면 해외진출
은 언제 합니까?

최 부장 그래요, 그럼 기술을 개발하면 되겠네요.

생산부장 기술개발이 뭐 그렇게 쉽게 되는 줄 아십니까? 그것도 중
국에서는 4개월 뒤에 물건을 사겠다는데 단 4개월 내에 그
게 가능해요?

최 부장 그렇지요, 기술개발은 하루아침에 되지 않겠죠.

회의는 몇 시간 동안 계속되었고, 이런 저런 이야기를 해도 좀처럼
결론이 나지 않았습니다. 이윽고 사장이 말했습니다.

"손해를 봐도 좋으니 일단 중국 시장에 진출한다는 데 의미를 두는
것이 좋겠소. 판매부는 일단 중국 회사와 계약을 체결하도록 하세요.
생산부는 기술개발을 위한 원가를 낮추기 위한 특단의 계획을 세우
고요."

몇 달 후, 이 회사는 짧은 기간 동안에 최대의 효과를 낼 수 있는 기
술을 개발했고 중국과의 거래에 성공하여 많은 성과를 올렸습니다.

구내식당에서 간부들이 모여 점심을 먹을 기회가 생겼습니다. 식사를 하며 최 부장이 말했습니다.

"내가 뭐랬어요? 그거 봐요, 그날 회의 때 내가 중국 사업은 꼭 해야 된다고 주장하길 잘했지요?"

그러나 최 부장의 말을 받아주는 사람은 아무도 없었습니다. 왜냐하면 그는 남의 말을 따라하기만 했을 뿐, 진짜 자기주장을 하지는 않았기 때문입니다.

얼마 후 또 대량의 구매주문이 들어왔고, 간부들이 모여 또다시 회의를 열었습니다. 이번에는 미국 회사의 주문이었습니다.

판매부장 이번에도 밀어붙여야 합니다. 모두 힘을 합쳐 노력하면 그 사람들의 주문조건을 맞출 수 있을 거예요.

최 부장 그럼요, 추진해야지요.

생산부장 안됩니다. 이번 미국 회사의 주문은 그 전의 중국회사의 주문 때보다 훨씬 더 까다로워요. 그 시간 안에 기술개발은 무리에요.

최 부장 듣고 보니 정말 큰 손해를 볼지도 모르겠네요.

이번에도 회의는 아주 길어졌고, 결국 사장이 나서서 미국 회사의 주문을 들어주고 계약을 하자고 결론이 났습니다. 그러나 회사는 끝내 기술개발에 실패하여 미국과의 거래에서 심각한 손해를 입었습니다.

그 일이 있은 후, 최 부장이 식당에서 이렇게 말했습니다.

"내가 손해 본다고, 하지 말라고 그렇게 강력하게 말했는데 이 무슨 꼴입니까? 내 말을 안 듣더니 이렇게 됐잖아요?"

그러자 참다못한 판매부장과 생산부장이 이구동성으로 소리쳤습니다.

"최 부장님 정말 너무하신 것 아닙니까? 최 부장님이 언제 무슨 주장을 했단 말이요? 그저 우리 의견에 맞장구만 치셨잖아요? 잘된 건 다 최 부장님 덕이고, 잘못 된 건 다 우리 탓입니까? 당신 같은 사람을 두고 기회주의자라고 하는 거요!"

최 부장은 회사의 중요한 안건에 대해 한 번도 자기 의견을 밝히지 않았습니다. 그는 어느 한 쪽만을 지지하다가는 소수파에 속하게 되는 것을 너무 두려워했습니다. 언제나 끝까지 중간에서 기회를 엿보다가 어느 한 쪽으로 대세가 기울면 재빨리 그 쪽에 합세하는 식으로 살아왔습니다. 회의시간에 언제나 말을 많이 하는 듯했지만, 정작 자신의 진짜 주장은 한 번도 내놓지 않았던 것입니다. 말하자면 고의적으로 침묵을 지킨 셈입니다. 그의 침묵은 언제라도 잘된 일은 자기 공로로 돌리고, 잘못되면 남의 탓으로 돌릴 수 있게 하자는 의도에서 계획된 것입니다. 이는 세상에서 가장 비겁한 행동입니다.

"그 친구가 초를 치는 바람에
난 할 말도 못하고…"

민주시민 : 뒷구멍에서 이러쿵저러쿵하지 않는 사람들

어떤 중소기업에서 전 직원들을 모아놓고 회의를 하고 있었습니다. 한 달에 한 번씩 열리는 그 회의는 각 직원들의 성과를 평가하여 우수한 성과를 낸 직원에게는 상금과 표창장을 주고, 반대로 실적이 안 좋은 직원에게는 좀 더 열심히 하도록 격려하기 위한 것이었습니다.

그날 회의도 여느 때와 다름없이 좋은 성과를 낸 사람을 선발하는 식으로 진행되었습니다. 그리고 회의가 거의 끝나면서 수첩을 덮는 순간, 갑자기 사장님이 자리에서 일어나 사원들을 바라보며 말씀하셨습니다.

"여러분, 잠깐만요. 오늘은 제가 여러분께 중대발표를 하겠습니다."

몇 십 명의 직원들은 긴장하며 일제히 사장님을 쳐다보았습니다. 모든 시선은 사장님의 입에 집중되었습니다.

"최근 2년간 우리 회사는 업계의 그 어떤 회사보다 더 열심히 노력했고, 그 결과 착실하게 성장하고 있습니다. 이 모든 업적은 직원 여러분들의 노력이 없었으면 불가능 했을 겁니다. 그래서 나는 여러분

의 노력에 보답해드리고 앞으로 회사가 더 성장하기 위해 특별휴가
제도를 만들겠습니다.”

우레와 같은 박수가 터졌습니다. 그리고 직원들은 기쁜 얼굴로 서
로 의견을 주고받기 시작했습니다. 잠시 후 웅성거림이 잦아들고, 사
장님이 계속 말씀을 이어갔습니다.

“특별휴가 기간은 2주이며, 이 기간 동안 푹 쉬면서 피로도 풀고,
하고 싶었던 일들을 마음껏 하면서 재충전하셨으면 합니다. 물론 그
달의 월급은 정상근무 때와 똑같이 드립니다. 단, 특별휴가는 1년에
단 한 번뿐입니다. 같은 팀의 동료들끼리 날짜가 겹치지 않도록 조절
해주시기만 하면 됩니다.”

사장님의 발표가 끝나자 직원들은 기쁜 마음에 다시 한 번 박수를
쳤고, 사회자는 혹시 질문이나 다른 의견이 없느냐고 물었습니다. 그
러나 한참이 지나도록 아무도 손을 드는 사람이 없었습니다. 사회자는
회의를 마친다는 선언을 하려고 마이크를 잡았습니다. 바로 그때, 직
원들 사이에 적극적인 성격으로 알려진 김 대리가 손을 들었습니다.

“예, 말씀하십시오.”

“사장님, 정말 감사합니다. 그런데 만약 오늘 회의가 끝나고 사장
님께서 저녁을 한 턱 내신다고 가정해보십시오. 그리고 음식값만 사
장님이 내시고 음료수 값은 얼마 안 되니까 직원들이 각자 마신 것을
계산하라고 말씀하신다면 직원들이 과연 어떻게 생각할까요? 저녁을
사주시면서도 직원들이 불만을 터뜨리지 않을까요?”

들떠 있던 장내가 갑자기 조용해지면서 잠시 긴장이 가득한 침묵이
이어졌습니다. 이윽고 사장님이 의미심장한 미소를 지으면서 대답했
습니다.

“질문의 내용도 예리하지만 답변을 받아내는 수법이 교묘하군요. 네, 좋습니다. 휴가 동안능력계발을 위해 책을 산다거나 여행을 간다 거나 하면 경비도 적잖이 들 텐데 왜 거기에 대한 언급은 없느냐, 이런 말씀이죠? 맞나요?”

“네, 그렇습니다.”

“좋아요. 그럼 특별휴가를 떠나는 모든 분들께 도서상품권과 월급의 50%에 상응하는 휴가비를 지원해드리겠습니다.”

또 다시 직원들이 박수치기 시작했습니다. 사장님도 기분이 좋아 보였습니다.

그날 직원들은 기분 좋게 회식을 마치고 삼삼오오 흩어졌습니다. 그중 네 사람들이 모여 다시 생맥주 집으로 들어갔습니다.

“오늘 사장님도 정말 좋으시지만 그 김 대리도 고마운 친구야.”

자리를 잡고 앉으며 한 명이 말했습니다.

“덕분에 용돈 좀 생기겠어. 그 정도면 해외여행도 갔다 올 수 있겠는걸?”

다른 한 명이 또 이렇게 말했습니다.

“아니야, 김 대리 때문에 완전히 망친 거야.”

그러자 박 팀장이 불쾌한 표정을 지으며 말했습니다.

“뭐, 망쳐? 그건 무슨 말이야?”

“난 사실 사장님이 특별휴가 이야기를 꺼내시는 순간 월급의 반밖에 안 되는 휴가비가 아니라 월급의 2배는 주셔야 한다고 주장할 참이었는데, 그 친구가 초를 치는 바람에 김샜지 뭐야!”

그 말을 들은 일행들은 아무런 찬성도 반대도 하지 않았습니다.

박 팀장은 그 후로도 공식적인 회의석상에서는 단 한 마디도 하지

않았습니다. 그리고 사적인 모임이나 식사자리 등 동료들끼리만 모이
는 자리가 있으면 항상 '내가 뭘 하려고 했는데 그 사람이 일을 망쳤
어!'라는 이야기를 되풀이했습니다. 처음에는 동료들도 그의 말에 귀
기울이고 공감하는 듯 했지만, 시간이 지나면서 아무도 그를 믿지 않
게 되었습니다. 그는 용기 있게 말하지도 못하면서 항상 뒤돌아서 남
을 헐뜯는 사람이었으니까요.

박 팀장의 행동은 비겁했습니다. 그는 사적인 자리에서 자신의 의
견을 밝힌 것이라고 생각할지 몰라도, 그것은 단지 김 대리를 비난한
것뿐입니다. 자기의 의견을 밝힌다는 것은 적합한 장소와 적합한 시간
에 맞춰 사람들의 눈치 보지 않고 당당하게 할 말을 하는 것입니다. 아
무리 탁월한 의견이라도 때와 장소가 맞지 않으면 그 가치를 잃게 됩
니다. 다른 사람 앞에서는 침묵을 지키거나 찬성을 하는 척하다가, 뒤
에 가서는 남들을 헐뜯는 엉뚱한 소리를 한다면 언젠가는 신용을 몽땅
잃고 말 것입니다. '표현의 자유'는 비겁한 사람들을 위한 것이 아니
라 모든 일에 진지하게 참여하고자 하는 사람들을 위한 것입니다.

"내일 지구에 종말이 온다 해도…"

민주시민 : 협박과 회유를 신념으로 이겨내는 사람들

17세기 유대교 세계는 매우 엄격했습니다. 유대교를 믿는 모든 사람들은 죽으면 천국 또는 지옥이라는 내세로 가게 된다는 생각을 철석같이 믿었습니다. 그런데 유리엘이라는 청년이 내세를 의심하는 논문을 발표했습니다. 유대 교회는 당장 유리엘을 파문해 버렸습니다. 청년은 교회당 문 앞에 엎드렸지만, 신자들은 무참하게 그의 몸을 밟으면서 안으로 들어갔습니다. 끝내 모욕을 견디지 못한 유리엘은 유대교를 비난하는 유서를 남긴 채 자살하고 말았습니다.

열여섯 살의 스피노자에게 이 사건은 너무도 충격적이었습니다. 지금껏 믿고 공부해 왔던 유대교가, 이토록 강경하고 고집스러운 종교라는 사실을 확인하고 유대교의 교리에 회의가 들기 시작했습니다. 스피노자는 계속 유대교의 교리가 진실인지 의심하는 행동을 하기 시작했습니다.

1656년, 급기야 그는 유대교 목사들의 심문을 받기에 이르렀습니다. 유대교회 측은 신학에 모순이 있다거나 거짓이라는 말을 하지 말고 침묵을 지킨다면 그 대가로 큰돈을 주겠다고 회유했습니다.

"마땅히 할 말을 하지 않는 것은 사는 게 아니오."

스피노자는 이 말 한 마디로 그들의 회유를 거절했고, 유대교는 그에게 파문 결정을 내렸습니다. 파문당한 사람은 어떤 유대교인과도 말하거나 글을 주고받거나 만날 수 없었습니다. 즉, 가족과 친구들과도 단절된 채 고립된 삶을 살아야 했던 것입니다.

부유한 가정에서 태어나 뛰어난 학자로 성장했지만 결국 파문을 당한 스피노자는 하루아침에 알거지가 되었습니다. 유대교 광신자 중에는 유대교를 모독했다며 그를 암살하려는 사람도 있었습니다. 어쩔 수 없이 그는 이곳저곳을 떠돌고 숨어 다니며 많은 고생을 했습니다.

하지만 그는 자신의 신념을 결코 포기하지 않았습니다. 부유한 유태인 출신 철학자에서 하루아침에 가난뱅이 안경 수리공으로 신세가 바뀌었지만, 그에겐 풍족하고 배부르게 사는 것보다 자신의 학문적 신념을 꺾지 않는 것이 더 중요했습니다.

렌즈 수리공으로 살면서도 스피노자는 공부에 집중하기 위해 하루에 세 개 이상의 렌즈는 수리하지 않았습니다. 렌즈 세 개를 수리하면 하루 세 끼를 겨우 해결할 수 있는 정도의 돈을 벌었기 때문입니다. 가난하게 살면서도 그는 절대 신념을 꺾지 않았습니다. "내일 지구의 종말이 온다 해도 나는 오늘 한 그루의 사과나무를 심겠다"는 그의 말에서 굳건한 의지를 엿볼 수 있습니다.

한번은 독일의 하이델베르크 대학에서 그를 철학교수로 초빙하려고 한 적이 있었습니다. 대신 조건이 있었는데, 기존의 종교를 비판하는 강의를 하지 않겠다는 서약서를 써달라고 한 것이었습니다. 그러자 스피노자는 "나의 정신적 자유를 아무에게도 방해받고 싶지 않다"

며 단호히 거절했습니다. 그에게는 교수라는 지위보다 철학적 의견을 거리낌 없이 밝힐 수 있는 자유가 더 소중했기 때문입니다.

프랑스 황제 루이 14세는 스피노자에게 자신을 위해 책 한 권만 지어 바치면 돈은 원하는 대로 얼마든지 주겠다고 말했습니다. 그러나 스피노자는 그 제의마저도 뿌리쳤습니다. 스피노자의 눈에 루이 14세는 독재자로 비쳐졌고, 사람들의 눈과 귀를 가리고 입을 틀어막는 독재자를 위해 책을 바치는 일은 자신의 고귀한 양심을 속이는 일이라고 생각했던 것입니다.

자기의 의견을 밝힌다는 것은 때로는 많은 대가를 지불해야 할 때가 있습니다. 그렇지만 대가를 치르는 것이 무서워서 자기의 의견을 말하지 않는 것은 비겁한 행동입니다. 철학자 스피노자는 자신이 옳다고 믿는 것을 지키기 위해 하고 싶은 말을 했고, 그 일로 인해 불이익을 당할 것이라는 것도 예상하고 있었지만 절대 자신의 뜻을 굽히지 않았습니다. 죽음도 각오하는 용기가 있었던 것입니다.

자기의 의견을 자유롭게 밝힐 수 없는 곳에 발전이란 있을 수 없습니다. 특히 잘못된 것에 대한 비판이 없다면, 잘못된 것을 잘못되었다고 말하기를 두려워한다면, 세상은 오직 뒷걸음질만 할 뿐 결코 발전할 수 없습니다.

아하!

스피노자

네덜란드의 철학자 스피노자(1632~1677)는 성경과 유태교 교리에 대하여 신랄하고 대담한 비판을 가한 것으로 아주 유명하다. 신이 육체가 없다는 점, 천사가 실제로 존재한다는 점, 영혼이 불멸한다는 점 등을 뒷받침할 근거가 성서 어디에도 없다고 주장하다가 유대 교회로부터 파문당한 후, 가족이나 친구들과 연락을 두절한 채 렌즈 수리공으로 생계를 유지하며 공부에 매진했다. 데카르트의 영향을 받아 유럽철학사상 최대의 형이상학체계를 창시한 그는 기존의 신학자들에게 간섭받지 않고 자유로운 사상을 주장했다. 1660년 이후 칩거 생활을 하며 자신의 철학을 정리했는데, 그의 사상은 아직도 철학자들 사이에서 의견이 분분하다.

참고자료
　벌거벗은 처칠　참교육기획 지음 | 유원 | 1999년

과학 소년 파인만이 눈물을 흘린 이유

민주시민 : 석연치 않으면 의문을 제기하는 사람들

노벨 물리학상을 받은 과학자 리처드 파인만은 어려서부터 유대교의 가르침을 받으며 자랐습니다. 아버지는 파인만에게 종교적인 믿음을 심어주는 동시에 세상의 과학적 원리를 깨우쳐 주기 위해 남다른 노력을 했습니다.

그러나 과학적인 원리에 끝없는 호기심을 가지고 있던 파인만은 종교적인 기적을 어떻게 받아들여야 할지 혼란스러울 때가 많았습니다. 파인만이 열한 살 무렵이었습니다. 주일학교의 랍비가 1400년대 스페인에서 벌어졌다는 역사적인 사건을 들려주고 있었습니다.

"1400년대 후반이었습니다. 스페인의 군주들은 가톨릭교 외의 다른 종교들을 탄압하기 시작했지요. 그들은 이단 심문소를 설치하고 우리 유대인들을 고문하고 처형했습니다. 당시에 루스라는 여인이 있었는데 그녀도 심문소에 끌려가게 되었습니다."

랍비는 당시 루스라는 여인이 어떤 죄목으로 끌려갔는지, 어떤 말을 했는지 자세하게 이야기해 주었습니다. 파인만은 물론 그 누구도 랍비의 말을 의심하지 않았습니다. 랍비는 루스가 죽어갈 때의 상황까지 말해 주었습니다.

"심하게 고문당해 기진맥진한 루스는 '차라리 빨리 죽었으면' 하고 생각할 정도였습니다. 가족은 물론 친구들도 모두 처형당해 더 이상 살고 싶은 마음도 없었던 것이죠. 그래도 루스는 죽는 순간까지 자신이 유대교인임을 잊지 않았다고 해요."

루스가 죽어가던 장면을 머릿속에 그려보던 파인만은 한 가지 의문이 일었습니다. 수업이 끝나자 파인만은 랍비에게 물었습니다.

"루스가 죽어가면서 그런 생각을 했다는 걸 사람들이 어떻게 알았을까요?"

랍비는 잠시 머뭇거리다가 입을 열었습니다.

"그건 말이지. 우리 유대인들이 그 당시에 얼마나 끔찍한 일을 당했는지에 대해 생생하게 설명하기 위해 만든 얘기란다. 그러니까 루스라는 여자는 실제 인물이 아니야."

랍비의 말을 들은 파인만은 어이가 없었습니다.

'그동안 내가 믿었던 기적도 다 꾸며낸 것이라면? 이렇게 꾸며낸 얘기들을, 진짜라고 믿었단 말이야? 도대체 무엇이 진실이고 무엇이 거짓이란 거지?'

파인만은 속았다는 기분에 억울하기까지 했습니다. 하지만 아직 어린 파인만은 뭐라고 대들 수도 없었습니다. 어쩔 줄 모르던 파인만의 눈에서 눈물이 흘러 내렸습니다. 깜짝 놀란 랍비가 물었습니다.

"파인만, 왜 눈물을 흘리니?"

"저는 지금까지 랍비께서 해주신 말씀을 모두 믿었어요. 그런데 루스 이야기가 지어낸 것이라니… 전 무엇을 믿어야 하죠? 랍비님, 저는 지어낸 얘기가 아닌 실제 일어났던 것만 알고 싶어요."

울먹이며 말하는 파인만의 이야기를 듣고 난 랍비는 파인만에게 물었습니다. "그렇다면 주일학교엔 왜 나오는 거지?"

"부모님이 가라고 하시니까요."

이렇게 말하고 파인만은 발길을 돌렸습니다. 이 일을 알게 된 파인만의 부모는 더 이상 아들을 주일학교에 보내지 않았습니다.

이 일이 있은 뒤 파인만은 기적이라는 이름으로 행해지는 일들에 대해선 믿지 않게 되었습니다. 그렇게 생각하니 혼란스러움도 사라졌고 마음도 편해졌습니다. 결국 천재적인 물리학자가 되어 노벨상까지 받았습니다.

모르는 것은 모른다고 말해야 합니다. 의심이 가는 것에 대해서는 의문을 제기해야 합니다. 모르는 것을 아는 양 고개를 끄덕이거나 어정쩡하게 넘어가면 영원히 모르게 됩니다. 모른다고 말하는 순간에 앎이 시작됩니다. 의문을 제기하는 순간에 거짓이 드러나기 시작합니다. 의구심이 일어나는데도 알았다고 인정하면 거짓이 진실행세를 하게 되고, 결국엔 엄청난 피해가 되어 돌아옵니다. 모르는 것은 모른다 하고 의심이 나면 확인해 보는 습관이 시민사회를 앞으로 나아가게 합니다.

아하!
유쾌한 물리학자 리처드 파인만

파인만 다이어그램의 창시자인 리처드 파인만(1918~1988)은 흔히 아인슈타인 이후 최고의 천재로 평가되는 미국의 물리학자다. 그는 어릴 적

아버지로부터 눈에 보이는 것만 보지 말고 그 본질을 바라보라는 충고와 복잡한 것을 쉽게 표현하는 법을 배웠다고 한다. 1965년에 양자전기역학 이론으로 줄리언 슈윙거, 도모나가 신이치로와 함께 노벨 물리학상을 수상한 파인만은, 물리학자이면서도 일상에 항상 호기심이 많았고 어떤 형식의 권위에도 복종하지 않았던 창조적이고 주체적인 정신의 소유자로 위대한 연구업적 외에도 재미있는 일화를 많이 남겼다.《물리학이란 무엇인가》,《파인만씨, 농담도 잘하시네》,《나는 물리를 가지고 놀았다》 등 수많은 물리학 서적과 자서전을 보면, 파인만이 얼마나 유머러스하고 낙천적이며 재능 있는 학자였는지를 알 수 있다.

참고자료

과학의 전도사 리처드 파인만 태기수 지음 | 이룸 | 2004년
천재(리처드 파인만의 삶과 과학) 제임스 글릭 지음 | 황혁기 옮김 | 승산 | 2005년
나는 물리학을 가지고 놀았다 존 그리빈, 메리 그리빈 지음 | 김희봉 옮김 | 사이언스북스 | 2004년

아리스토텔레스를 이긴 사나이
민주시민 : 맹목적인 권위주의를 거부하는 사람들

약 400년 전 이탈리아에 탐구심이 아주 많은 젊은이가 있었습니다. 그 젊은이는 무엇이든지 그냥 넘어가는 법이 없었습니다. 그는 보거나 듣거나 당한 모든 일에 대해 머릿속으로 "아하, 그게 그래서 그렇게 되는 거로구나!" 하는 마음이 될 때까지 "왜? 왜? 왜?" 하며 끝까지 파고드는 성미였습니다. 처음에 그는 약학을 공부하려 했으나 점점 흥미를 잃고 자기 취미에 딱 맞는 물리학과 수학으로 바꾸었습니다. 그리고 스물여섯 살에는 이미 피사*Pisa* 대학의 수학 교수가 되어 있었습니다.

그 당시 대부분의 사람들은 오랫동안 존경받고 있는 아리스토텔레스 등 권위 있는 학자나 사상가들의 말이라면 무조건 진리로 믿었습니다. 그래서 그 말이 정말 맞나 틀리나 시험을 해본다는 것은 상상조차 하지 않았습니다. 특히, 학자들은 아리스토텔레스의 말에 대해서는 "어르신께서 말씀하시길" 하는 식으로 옛 선각자의 말을 한 마디도 놓치지 않고 다 외우려고 무진 애를 썼습니다. 아리스토텔레스의 말을 의심하는 것은 신성모독 아니면 범죄행위로 간주되었고 실제로 그런 말을 하는 학생은 당장에 처벌을 받았습니다.

아리스토텔레스의 말 중에 이런 것이 있었습니다.

"물체가 땅으로 떨어지는 속도는 그 무게에 의해 결정된다. 10kg 무게의 물건은 1kg 무게의 물건보다 열 배 빠른 속도로 떨어진다."

그러나 문제의 그 젊은 수학교수는 그 말을 곧이듣지 않았습니다. 그래서 몇 가지 간단한 실험을 해본 결과 마음에 흡족한 결과를 얻어 냈습니다. 그리고 다음과 같은 발표를 했습니다.

"아리스토텔레스는 틀렸다. 물체의 무게는 물체가 땅으로 떨어지는 속도를 결정하지 않는다. 떨어지는 속도는 무게가 아니라 공기의 저항에 의해 결정된다. 두 물체의 공기저항이 같다면 그 두 물체는 무게와는 관계없이 동시에 땅에 떨어진다."

피사 대학의 다른 교수들은 경악했습니다. 그들은 그 젊은 수학교수에 대해 분노하며 미치광이 수학교수는 당장에 대학을 떠나든지 아니면 그 망령된 입을 다물라고 이구동성으로 소리쳤습니다. 그러자 그 수학교수가 대답했습니다.

"좋습니다. 그럼 우리 공개적인 실험을 해봅시다. 만약, 아리스토텔레스의 말이 옳다면 저는 공개 사죄하고 다시는 그런 언행을 하지 않겠습니다. 피사의 사탑 위에서 만납시다."

드디어 그 유명한 피사의 종탑 위에 수학교수가 나타났습니다. 사탑 아래의 잔디밭에는 수많은 교수들, 학생들, 그리고 관심 있는 시민들이 구름같이 몰려들었습니다. 그가 한 발 한 발 걸음을 옮길 때마다 아래에서는 낄낄거리며 야유하는 소리가 들려왔습니다. 그는 아랑곳하지 않고 침착하게 탑 꼭지에 같은 모양 같은 크기의 두 개의 쇠공을 올려놓았습니다. 하나는 10kg, 또 하나는 1kg짜리였습니다. 순간 사탑 아래에는 긴장감이 감돌았습니다. 그가 공을 정확히 동시에 떨어뜨렸을 때 과연 아리스토텔레스의 주장대로 10kg짜리가 먼저 땅에 닿을 것이냐?

이윽고 그가 두 개의 쇠공을 떨어뜨렸습니다. 숨죽인 군중들은 두 공이 정확히 동시에 허공의 까마득한 높이에서부터 맹렬히 땅을 향해 돌진하는 모습을 지켜보았습니다. 두 개의 공이 땅에 가까워졌다는 느낌이 드는 순간 쿵 소리가 났습니다. 사람들은 놀랐습니다. 공은 똑같이 떨어졌습니다. 자신들이 들은 소리 역시 쿵쿵이 아니고 쿵이었습니다.

풋내기 갈릴레오 갈릴레이 교수가 맞았고 천년 권위의 아리스토텔레스가 틀린 것입니다. 사람들은 커진 눈으로 서로를 쳐다보았고, 몇몇 사람들은 현장을 목격하고서도 아리스토텔레스의 말보다 자기의 눈을 더 의심했습니다.

"이럴 리가 없어! 뭔가 잘못된 거야!"

사람들은 종종 자신이 확고하게 믿고 있었던 것을 쉽게 버리지 못합니다. 수백 년 동안 진리라고 믿어 온 것을 부정하는 것은 더욱 어려운 일입니다. 그 실험이 있은 다음에도 일부 교수들은 계속 온갖 변명을 늘어놓으며 아리스토텔레스가 옳다는 주장을 굽히지 않았습니다.

"실험이 잘못된 겁니다. 갈릴레오가 뭔가 조작한 거예요!"

그들은 만약 지금 아리스토텔레스의 오류를 인정하면 곧 사람들이 다른 오류도 발견하여 이전의 권위를 부정하게 될 것이라고 생각했습니다. 그것은 곧 자신들이 설 자리가 없어진다는 것을 의미합니다. 그런 일은 어떻게 해서든 막아야 했습니다. 그러기 위해서 그들은 갈릴레오의 학설을 부정하고 강의실로 몰려가 그를 끌어내 쫓아내버렸습니다.

그러나 갈릴레오는 그 정도의 억압에 굴복할 사람은 아니었습니다. 그는 깨끗이 피사대학을 떠나 파두아*Padua* 대학으로 갔습니다. 피사에 비해 어느 정도 학문의 자유를 인정하는 그곳에서 갈릴레오는 지속적인 탐구와 질문을 통해 지동설이라고 하는 위대한 발견에 도달함으로써 한 인간이 용감하게 의문을 제기하는 것이 어떻게 세계를 바꾸어 놓을 수 있는지를 보여주었습니다.

자기가 옳다고 생각하는 것을 아무 지지자도 없이 당당하게 말하는 것은 쉬운 일이 아닙니다. 아주 재밌는 실험이 있습니다. 그 실험에서는 칠판에 긴 줄과 짧은 줄을 두 개 그어놓고 10명의 사람에게 차례차례 '어떤 줄이 더 긴 줄입니까?' 하는 단순한 질문을 던집니다. 실험에 참가한 10명 중 7명은 실험을 위해 거짓된 답을 하도록 투입된 사람들입니다. 그 7명이 계속 짧은 줄을 보고 '긴 줄입니다'라고 대답하면 뒤의 8번째 사람은 머뭇거리다가 명백하게 짧은 줄임에도 '긴 줄이에요….' 하고 대답한다고 합니다. 물론 그들이 정말 짧은 줄을 길다고 생각했기 때문에 그렇게 대답한 것은 아니었습니다.

실험을 계속한 결과 명백한 사실을 꿋꿋하게 말한 실험자는 10명 중 2~3명이 채 되지 않았습니다. 이렇게 모두가 반대하고 모두가 아니라고 하는 상황에서 자신의 의견을 당당하게 말하는 것은 쉬운 일이 아닙니다. 하지만 그렇게 다른 사람들 속에 묻혀 있으면 결국은 '자신'은 없고 '대중'만 남게 됩니다. 옳은 것을 옳다고 말하는 그 사람이 바로 민주 시민입니다.

피사의 사탑 갈릴레오 갈릴레이

이탈리아의 천문학자·물리학자·수학자인 갈릴레오(1564~1642)는 진자의 등시성 및 관성법칙 발견, 코페르니쿠스의 지동설에 대한 지지 등의 업적을 남겼다. 지동설을 확립하려고 쓴 저서《프톨레마이오스와 코페르니쿠스의 2대 세계체계에 관한 대화》는 기존의 천동설에 정면으로 반박하는 내용으로 교황청에 의해 금서로 지정되었으며 하나님이 만드신 지구가 돈다는 것은 하나님에 대한 모욕이라는 죄목으로 종교재판을 받기도 했다. 그는 손수 망원경을 만들어 획기적인 관측을 하기도 하였는데 달에 산과 계곡이 있다는 것을 확인하였고, 목성도 위성을 가지고 있다는 것을 발견하였다.

나는 얼마나 분명한 자기주장이 있는 사람일까?

아래의 문항을 잘 읽고, 채점표에서 자신에게 해당되는 칸에 동그라미 표시를 합니다. 모든 항목에 대한 체크를 마친 후에는 자신의 점수를 모두 더합니다.

01. 잠깐 만났던 사람들 대부분이 나에 관한 정보(내가 하는 일, 내가 사는 곳, 내 취미 등)를 아주 잘 기억해 내는 것 같다.

⑤그렇다　④그런 편이다　③반반이다　②아닌 편이다　①아니다

02. 여럿이 모인 자리에서 사람들은 내 소개를 자주 잊어버린다.

①그렇다　②그런 편이다　③반반이다　④아닌 편이다　⑤아니다

03. 여럿이 식당에 갔을 때, 다른 사람들은 다 밥을 주문하는데 혼자서 국수를 주문하는 친구에게는 왠지 호감이 간다.

⑤그렇다　④그런 편이다　③반반이다　②아닌 편이다　①아니다

04. 어떤 모임에 가서 처음 만나는 사람들과 인사를 해도, 그들은 다른 사람들의 이름은 잘도 기억하면서 유난히 내 이름은 기억해 내지 못하는 것 같다.

①그렇다　②그런 편이다　③반반이다　④아닌 편이다　⑤아니다

05. 나는 소수파에 속하기를 주저하지 않는다.

⑤그렇다　④그런 편이다　③반반이다　②아닌 편이다　①아니다

06. 따돌림 받는 것이 두려워 할 말도 못하는 사람과는 친하게 지내고
싶지 않다.

⑤그렇다　④그런 편이다　③반반이다　②아닌 편이다　①아니다

07. 주변 사람들은 마치 내가 아무것도 모르는 양 나에게는 모든 일을
단순하게만 알려준다.

①그렇다　②그런 편이다　③반반이다　④아닌 편이다　⑤아니다

08. 음식점에서 음식이 이상하거나 서비스에 문제가 있으면, 즉시 종업
원을 불러 불만사항을 이야기한다.

⑤그렇다　④그런 편이다　③반반이다　②아닌 편이다　①아니다

09. 나는 공식적인 회의 때보다는 사적인 모임에서 더 활발하게 이야기
하는 편이다.

①그렇다　②그런 편이다　③반반이다　④아닌 편이다　⑤아니다

10. 웅변은 은이요 침묵은 금이다. 가만히 있으면 2등이라도 할 테니,
괜히 나서서 설치다가 미운 털이나 박히지 않게 하는 게 상책이다.

①그렇다　②그런 편이다　③반반이다　④아닌 편이다　⑤아니다

11. 토론이나 토의가 있을 때, 보통 다른 사람들은 내가 스스로 말하기
전에 내 의견이나 아이디어를 묻지는 않는다.

①그렇다　②그런 편이다　③반반이다　④아닌 편이다　⑤아니다

12. 사람들이 도무지 이해할 수 없는 말을 할 때면 그 때마다 끼어들어
물어봐야 직성이 풀린다.

①그렇다　②그런 편이다　③반반이다　④아닌 편이다　⑤아니다

13. 가끔은 말을 함으로써 상대방에게 상처를 주거나 사이가 어색해지
거나 싸움이 날 수도 있다. 그럴 때면 내가 아무리 옳다고 해도 입
을 다물어버린다.

①그렇다　②그런 편이다　③반반이다　④아닌 편이다　⑤아니다

14. 상황에 따라 말을 자꾸 바꾸는 사람에게는 신뢰가 가지 않는다.

⑤그렇다　④그런 편이다　③반반이다　②아닌 편이다　①아니다

15. 사람들은 때로 내가 때와 장소에 맞지 않는 이상한 이야기를 꺼낸
다고 불평한다.

①그렇다　②그런 편이다　③반반이다　④아닌 편이다　⑤아니다

총계 ＿＿＿＿

점수의 총계가 53점 이상이라면

점수의 총계가 53점 이상이라면 당신은 시대를 이끌어 가는 주도세력에 속해 있습니다. 당당하게 정면에서 자기 의견을 밝히고, 자기 의견에 잘못이 발견되면 더 좋은 의견을 내놓기 위해 노력하는 사람입니다. 당신의 적극성이 세상을 앞으로 나아가게 하는 힘이 되고 있습니다. 당신이 중심입니다. 비겁한 사람들이 뒷구멍에서 하는 엉뚱한 소리에 신경 쓸 시간에 좀더 좋은 의견을 찾아보는 데 힘써야 합니다.

점수의 총계가 38점 이하라면

점수의 총계가 38점 이하라면 당신은 매우 신중하고 좀처럼 속내를 드러내지 않는, 속 깊은 스타일입니다. 그러나 당신은 소수파에 속하기를 꺼려하는 경향도 있습니다. 말했다가 손해를 보느니 차라리 침묵을 지키려는 경향도 있습니다. 그러나 약간의 대가를 치르더라도 자신의 의견을 밝혀야 당신 자신도 결과적으로 더욱 편안한 삶을 살 수 있습니다. 비판이 싫어서 침묵한다면 세상은 뒷걸음만 치게 됩니다.

옳으면 받아들인다 04

　사람은 혼자서는 살아갈 수 없습니다. 대화를 통해 나라
는 존재의 의미와 가치를 배우기 때문에 우리는 끊임없이
대화를 해야 합니다. 대화는 말로만 할 수 있는 것이 아닙니
다. 행동, 의상, 얼굴 표정, 자세, 몸짓, 접촉, 실내장식이나
조명 등이 모두 대화의 수단입니다.

　대화는 거래가 아닙니다. 거래는 옳고 그름과는 별개입
니다. 서로의 의견을 확인하고 최종적으로는 서로 자신의
이익을 주장해서 그것을 교환하는 것이 거래입니다. 대화
로 위장한 거래는 역시 대화를 부정하는 속임수입니다.

　서로 대화를 할 때 가장 중요한 것은 바로 상대방의 의견
이 옳으면 고집스레 자신의 의견을 고수하지 않고 그 상대
방의 의견을 수용하는 것입니다. 남의 말을 잘 듣고 그 생각
을 받아들임으로써 자신의 잘못된 생각을 버리고 여러 사
람과 생각을 공유하는 것이 바로 대화입니다.

"듣고 보니 네 말이 옳구나.
내가 잘못 생각했고 잘못 행동했다"

민주시민 : 누구의 말이든 옳으면 받아들이는 사람들

일찍이 나폴레옹을 워털루 싸움에서 크게 물리쳐 세계에 이름을 떨친 웰링턴 장군이 휘하 군사들과 함께 가까운 여우 사냥을 나갔습니다. 숲 가까이에는 여기저기 농가도 보였습니다. 웰링턴은 부하들을 여러 방향으로 배치하고 큰소리로 명령했습니다.

"여우가 나타나면 즉시 달려와 보고하게!"

잠시 후, 망을 보던 부하가 다급히 뛰어와 보고를 했습니다.

"장군님, 저쪽입니다. 여우가, 그것도 아주 큰 놈이 나타났습니다."

"어디, 어느 쪽인가?"

"방금 저쪽 바위 뒤로 돌아가 숨어 있습니다."

"알았다. 모두들 나를 따라오라."

웰링턴은 여우가 숨어있는 바위 뒤편을 향해 쏜살같이 말을 몰았습니다. 그러나 사냥꾼을 본 여우는 도망치기 시작했습니다. 죽기 살기로 도망치다 결국 궁지에 몰린 여우는 가까운 농부의 집으로 들어가 뒷마당에 숨었습니다.

"저 놈은 꼭 잡아야겠다."

웰링턴은 곧 농부의 대문 앞에 당도했습니다. 그 집은 유난히 담이 높았습니다. 그는 주먹으로 대문을 쾅쾅 두드리며 소리쳤습니다. 나는 새도 떨어뜨릴 만큼 기세등등한 당대 최고의 장군이었기 때문에 문을 열지 않았다간 무슨 큰일이라도 날 것 같은 분위기였습니다.

"문을 열어라! 급한 일이다. 빨리! 어서 열어! 어서!"

잠시 후 대문 안쪽에서 어린 소년의 목소리가 들려 왔습니다.

"누구세요? 왜 남의 집 문을 부수고 야단이죠?"

"이야기는 나중에 하고 우선 문부터 열어라. 급하다, 빨리!"

"안 됩니다. 누군지 밝히지도 않는 낯선 사람에게는 문을 열어줄 수가 없어요. 우리 아버지가 알면 전 큰일 나거든요."

"야 이 녀석아! 난 웰링턴 장군이야. 빨리 열어."

"그런 장군님이 웬일이시죠? 우리 집에 군인은 없는데요."

"지금 내가 잡으려던 여우가 이 집으로 들어갔다. 난 그놈을 잡아야 한다. 잔말 말고 빨리 열어라."

"그러시다면 더욱 문을 열어서는 안 되겠네요."

"뭐라고? 안 돼? 이건 명령이다. 빨리 열어!"

"전 장군님의 부하도 아니고 명령을 들을 의무가 없어요. 아무튼 안 됩니다."

"이 놈의 꼬마야! 도대체 왜 안 된다는 거냐?"

"우리 아버지는 사냥이나 하고 노는 사람들이 농부들의 소중한 보금자리를 사냥 놀이터로 삼지 못하게 하기 위해 이렇게 담을 높이 쌓았죠. 그런데 장군님 같은 유명하신 분이 남의 집을 사냥터로 만들려고 하시면 전 어떻게 해야 하죠? 장군님 말을 들어야 할까요, 아니면 우리 아버지 말을 들어야 할까요? 전 아무래도 문을 열 수 없겠는데요."

그 말을 들은 웰링턴 장군은 소리치는 것을 멈추고 잠시 생각에 잠겼습니다. 이내 웰링턴 장군은 웃는 얼굴로 소리쳤습니다.

"그래? 자세히 듣고 보니 네 말이 옳구나. 내가 잘못 생각했고 잘못 행동했다. 미안하구나, 그리고 고맙다. 잘 있어라."

발길을 돌리면서 웰링턴은 부하들에게 큰 소리로 말했습니다.

"오늘 난 여우는 놓쳤지만 저 꼬마 때문에 아주 중요한 것을 알게 되었다. 기분이 무척 좋구나. 자! 가자!"

웰링턴은 말고삐를 바짝 쥐며 이내 발길을 돌렸습니다. 문틈으로 그의 뒷모습을 바라보던 소년이 중얼거렸습니다.

'아! 저 사람은 진짜 장군이구나!'

웰링턴은 자신의 힘을 앞세워 소년에게 굴복을 강요하지 않았습니다. 체면과 권위를 따지지 않고 자신의 잘못을 인정하고 작은 소년의 정당한 주장에 군말 없이 승복했습니다.

웰링턴은 진정한 대화가 무엇인지를 보여주었습니다. 서로 마주보며 이야기를 한다고 대화가 아닙니다. 상대방의 생각을 듣고 받아들이고 상대방도 내 생각을 받아들이도록 노력하는 것이 대화입니다. 비록 어린 소년의 말이지만 누가 봐도 정당한 주장이란 것을 간파한 웰링턴은 순순히 소년의 주장을 받아들였습니다. 상대가 누구건 옳은 주장이면 자기의 잘못된 생각을 버리고 그 자리에서 깨끗이 승복하는 태도를 보여준 것입니다.

바로 그런 대화를 할 줄 아는 사람이 서로 대접하고 서로 존중하며 서로 신뢰하는 열린 세상의 주인입니다. 지위가 높은 사람 앞에서도 할 말을 다하는 소년과 웰링턴의 대범한 행동은 누구나 할 말은 하고 억울함을 당하는 사람이 없는, 바로 열린 시민사회를 만들어가는 기본 요소입니다.

아하!

나폴레옹을 이긴 웰링턴

영국의 군인이자 정치가인 웰링턴 장군(1769~1852)은 워털루 전투를 승리로 이끈 유럽의 영웅이다. 프랑스의 나폴레옹 1세는 황제로 즉위하고 난 후 유럽 각국에 대해 침략전쟁을 펼쳤는데 이에 유럽은 연합군을 결성하여 나폴레옹에 맞섰다. 그러나 당시 나폴레옹은 군사 · 정치적 천재로 일컬어지며 각국의 전쟁에서 승전보를 올렸다. 그러한 때 웰링턴은 1812년 나폴레옹의 러시아원정을 막고 프랑스군을 이베리아 반도에서 몰아내는 쾌거를 이루었고, 1815년 3월 워털루 전쟁에서 드디어 완전히 나폴레옹을 패배시켰다.

여우사냥

영국의 민속 스포츠로 영국의 국기(國技)이기도 하다. 옛날부터 영국의 촌락에는 여우가 많이 서식하여 양계장 등에 피해가 끊이지 않았다. 이에 가을부터 겨울까지 농장주가 대대적인 여우 퇴치를 하게 된 것이 기원이다. 이것이 19세기에는 귀족화되어 상류사회의 여가놀이로 정착되었다. 방법은 말을 탄 신사숙녀가 수십 마리의 여우 사냥개를 풀어 여우를 쫓게 하고, 구멍에 숨은 여우를 잡아 물어 죽이게 하는 것으로, 여우가 죽은 것을 맨 먼저 확인한 여성에게 그 여우의 꼬리를 상으로 주는 관습이 있다.

참고자료
　두산 백과사전

"그토록 거세게 반대하던 사람이
어쩌면 그렇게 신속히…"

민주시민 : 토론을 생산적으로 완결 짓는 사람들

수원의 한 시민단체에서 작은 토론이 벌어졌습니다. 수입이 모자라서는 상근 직원들의 봉급은 고사하고 당장의 전화요금이나 전기요금 및 활동경비를 도저히 감당할 수 없었기 때문입니다. 이 문제에 대한 해결방안을 찾는 것이 그날 토론의 주제였습니다. 참석자들은 그 단체의 실질적 결정권을 가진 다섯 명의 위원들이었습니다.

토론과정에서 여러 가지 대안이 나왔습니다. 회원을 더 많이 모집해야 한다, 회비를 인상해야 한다, 외부의 후원금을 확보하자 등 다양한 의견이 나왔습니다. 하지만 눈앞에 닥친 재정적인 문제를 해결하기에는 이러한 대안들로는 어렵다는 데 모두가 공감했습니다. 당장 충분한 수입을 확보하지 않으면 이대로 문을 닫는 수밖에 없었기 때문입니다.

토론이 점점 맥이 빠지고 있을 때, A 위원이 입을 열었습니다.

"아무래도 그 문제는 우리가 해결해야겠습니다. 우리가 냅시다. 우리가 대표고 책임자들이니까 우리가 감당할 수밖에 없지 않겠습니까?"

그러자 바로 B 위원이 물었습니다. "우리가 그걸 어떻게 다 감당한단 말입니까?"

"우리 연회비는 5만 원이죠. 그러니까 우리 다섯 명이 50만 원씩 평생회비를 미리 내자는 말입니다. 250만 원이면 일단 몇 달은 버틸 수 있을 겁니다. 그동안 지금까지 나왔던 대안을 하나씩 실천 해가면서 예산을 확보하도록 합시다. 평생회비를 내시는 분들에게는 평생회원 패를 드리고요."

"그거 아주 좋은 생각이군요." C 위원이 A 위원의 의견에 손을 들었습니다.

그러자 E 위원이 말했습니다. "난 반대요, 난 그만한 돈을 낼 여력이 없어요."

"일시에 다 내진 못해도 분납 형식으로라도 노력해 볼 만하지 않소?" A 위원이 설명했지만, E 위원이 다시 반기를 들었습니다. "이건 돈 문제와는 약간 달라요. 우리 단체의 근본정신에 위배될 수도 있단 말이오. 우리는 모든 회원이 공평하게 부담하고 균등한 발언권을 가져야 합니다. 회비에 따라 회원 등급에 차별을 둔다면 단체가 돌아가는 일에 영향력을 미치는 데도 차별이 생깁니다. 다시 돈 문제로 돌아가서, 능력이 있어서 낼 수 있는 사람은 좋겠지만 그렇지 못한 사람의 심정도 배려해야 되지 않겠습니까?"

"그렇지만 코앞에 닥친 문제를 해결할 뾰족한 대안이 없지 않습니까? 그리고 이건 더 내는 것이 아니라 미리 내는 것뿐입니다. 형평성 문제와도 관계가 없다고 생각하는데요." C 위원이 나섰습니다. 하지만 E 위원은 물러서지 않았습니다.

"10년치 의무를 한 번에 몰아서 때우겠다는 것도 모순입니다. 찬성

할 수 없습니다. 결국 여유가 있는 사람은 덜 내고 어려운 사람은 더 내는 꼴 아닙니까?"

토론이 점점 뜨거워졌습니다. 다섯 명의 참석자 가운데 세 명은 평생회비 제도에 찬성했고 두 명은 반대하는 발언을 되풀이했습니다. 두 시간 정도 갑론을박을 벌이다, 반대하던 사람 중 한 사람이 찬성 쪽으로 돌아섰고 E 위원만 끝까지 반대의견을 고집했습니다. 마침내 이 안건을 다수결에 붙이기로 하고, 결국 네 명의 찬성으로 평생회비 제도를 도입한다는 결론에 도달했습니다.

평생회비 제도를 끝까지 반대하던 E 위원은 얼굴을 붉히며 식사도 하지 않은 채 그냥 돌아갔습니다. 나머지 네 명이 마주 앉은 식탁의 분위기는 매우 무거웠습니다. 수많은 어려움을 함께 헤쳐나간 멤버들이었습니다. 이번 일로 인해 한 사람의 소중한 멤버가 떨어져 나갈지도 모른다는 생각에 모두들 침울한 표정이었습니다. 특히 A 위원은 자기가 내놓은 의견이 과연 옳은 것이었는지 의구감이 들어 몹시 괴로웠습니다.

그러나 다음날 오전 A 위원은 놀라운 소식을 접했습니다. 바로 전날 토론에서 그렇게 반대했던 E 위원이 가장 먼저 평생회비 50만 원을 입금했다는 것입니다. '그렇게 반대하더니 웬일이지?' 의아해하던 중, E 위원으로부터 전화가 왔습니다. "어제 식사도 같이 못 하고 자리를 떠서 언짢았죠? 뭐, 어제는 내가 좀 흥분을 했던 모양입니다. 어쨌든 내 생각은 확고했으니까요. 하지만 일단 결정된 것은 따라야겠다는 생각에…. 이렇게 결정된 이상, 또 한 번 함께 이 어려움을 현명하게 이겨냅시다."

결정된 사항을 따르는 것은 패배가 아닙니다. 함께 승리하는 것입니다. 시민사회는 토론으로 이끌어가는 곳입니다. 그런데 사람들은 자신의 의견과 다르게 결정된 결과에는 승복하기 싫어하는 경향이 있습니다. 시민들이 토론에 열을 올리는 것은 그에 참가한 모든 사람이 결과에 승복할 것이라는 말 없는 약속을 전제로 한 것입니다.

결정된 것을 따르지 않을 작정이라면 모든 토론이나 대화는 무의미한 시간 낭비일 뿐입니다. 일단 토론에 참가했다면 거기서 결정된 사항을 지키고, 결정에 따르지 않을 작정이라면 아예 토론에 참가하지 말아야 합니다. 올곧게 자기주장을 펴되 결과에 승복하는 성숙함, 그것이 아름답고 생산적인 토론을 완성하는 민주시민의 슬기입니다.

건축천재 가우디가 몰랐던 아치의 의미

민주시민 : 모르면 체면을 버리고 배우는 사람들

스페인의 아스토르가에 있는 주교관에 불이 났습니다. 그라우 주교는 주교관을 새로 지어줄 사람을 구하러 사방으로 수소문하던 차에 '가우디'라는 독창적인 건축가에 관한 소문을 듣게 되었습니다. 주교는 즉시 가우디에게 아스토르가의 새 주교관을 지어달라고 부탁하는 편지를 보냈습니다.

가우디는 그러겠다는 답장을 보내왔습니다. 하지만 당장은 다른 건축물을 맡아 짓고 있기 때문에 아스토르가에 갈 수가 없다고 했습니다. 대신 가우디는 주교에게 주교관이 세워질 장소의 정확한 자연조건과 주변 건물들, 아스토르가의 풍경이 담긴 사진과 자료들을 보내달라고 했습니다. 주교는 가우디가 말한 대로 자료를 보내주었고, 가우디도 시간을 쪼개 아스토르가에 관한 자료들을 읽으며 주교관의 설계도를 그렸습니다. 가우디는 새로 지을 주교관을 그리스도교의 요새로 만들고 싶었습니다.

마침내 공사가 시작되었고, 가우디도 이전 작업을 모두 마치고 이

제 아스토르가에 와서 공사가 설계대로 진행되도록 지휘하게 되었습니다. 그라우 주교도 매일 공사장을 기웃거리며 인부들에게 이것저것 물어보고 말을 시켰습니다. 가우디는 공사에 방해만 되는 주교의 방문이 못마땅했지만, 어쩔 수가 없었습니다. 그라우 주교는 건축주이기도 했지만 실제 입주자이기도 하니까요.

그러던 어느 날이었습니다. 공사장을 둘러보던 가우디는 멋진 인물 조각을 덮어버리는 아치를 발견했습니다. 가우디는 인부에게 "저기, 이 아치는 뜯어내야겠는데요. 멋진 조각 작품을 완전히 가리잖아요"라고 말했습니다.

인부는 가우디가 시키는 대로 아치를 뜯어내기 시작했습니다. 그런데 갑자기 그라우 주교가 두 손을 휘저으며 작업을 중단시키는 것입니다. 주교는 가우디에게 달려가 아치를 뜯으면 안 된다고 말했습니다. 가톨릭 전통에 어긋나는 아주 심각한 문제라며 말이지요.

"자네는 건축만 알지 성당은 모르는군. 아치는 그저 보기 좋으라고 있는 게 아니란 말일세."

하지만 가우디 역시 한 발짝도 물러서지 않았습니다.

"아치는 필요 없어요. 보면 모르겠어요?"

"아치가 없으면 가톨릭이 아니라니까!"

"그게 있으면 건축도 아니라니까요!"

둘 다 조금도 양보할 마음이 없었습니다. 결국 주교는 화가 나서 씩씩거리다가 더 이상 싸우기 싫다는 표정으로 돌아갔습니다. 주교는 성직자 위원회에 아치 문제를 안건으로 올렸고, 위원회는 아치를 뜯어내는 것은 교리에 어긋난다는 판결을 내렸습니다. 판결 결과를 보고 흥분한 가우디는 주교를 찾아가 또 한 번 격렬한 논쟁을 벌였습니다. 싸우다 지친 주교는 가우디에게 책을 한 권 주면서 간곡한 목소리로 말했습니다.

"내 생각엔 자네가 가톨릭을 몰라서 그러는 것 같네. 가서 이 책부터 읽고 난 후 다시 따져보는 게 좋겠어."

가우디는 도대체 주교가 왜 그토록 고집을 피우는지 궁금해졌습니다. 그래서 주교가 건네준 책을 끝까지 다 읽었지요. 그리고 가톨릭 예배 의식의 진정한 의미와 가치를 발휘하기 위해 건축물이 어떻게 만들어져야 하는지를 알게 되었습니다. 그동안 그 점을 이해하지 못했기 때문에 그라우 주교가 가슴을 치며 "뭘 모른다"고 답답해 했던 것입니다. 결국 주교의 말이 옳았습니다. 가우디는 그라우 주교에게 정중히 사과를 했고, 아치는 원래대로 다시 세워졌습니다.

언제 끝날지 알 수 없는 논쟁에 휘말려본 적이 있습니까? 분명히 잘못된 것인데 절대로 굽히지 않는 고집불통과 이야기할 때 말입니다. 하지만 나 역시 내 고집을 꺾지 않았기 때문에 결말이 나지 않는 것입니다. 이럴 때는 우선 감정을 다스리고 이성적·논리적으로 문제를 풀어야 합니다. 윽박지르거나 강압적인 방법으로 결정을 내리는 일방통행 식의 커뮤니케이션은 가장 저급한 대화법입니다.

가우디는 처음에는 무조건 자신의 주장만 내세웠습니다. 그러나 가우디는 주교가 권해준 책을 성의껏 읽어봤고, 자신의 생각이 잘못되었음을 알자 즉시 주교의 의견을 받아들였습니다. 주교로부터 배우는 자세를 취했습니다. 진정한 대화란 서로의 의견이 자유롭게 교환하는 것입니다. 또한 내가 몰랐던 것을 상대방이 알고 있다면 체면을 버리고 상대방으로부터 배움으로써 상대방의 식견을 나의 식견으로 만들겠다는 '오픈 마인드'를 가져야 합니다.

"말이 안 통한다"는 말을 밥 먹듯 하는 사람이 있습니다. 과연 그런 말을 하는 사람이 자신의 생각도 틀릴 수 있다는 마음의 여유를 보여 줄 수 있을까요? 상대의 입장이나 생각을 받아들이고자 노력할까요? 많이 배웠거나 많이 가졌다고 해서 상대방을 무시하는 태도는 대화를 방해하는 걸림돌입니다. 대화의 기본자세는 평등입니다. 상대방과 나를 똑같이 존중하여 더 나은 선택을 받아들일 줄 아는 성숙함이 민주주의의 토대입니다.

아하!

세계적인 천재 건축가, 가우디

가우디(1952~1926)는 20세기의 레오나르로 다빈치라 불리는 천재적인 스페인 건축가다. 어린 시절부터 건축에 남다른 흥미를 가졌던 그는, 거의 평생을 바르셀로나에서 활동하며 많은 건축물을 남겼다. 그는 자유분방한 형태, 풍부한 색채와 질감, 환경과의 조화 등이 특징인 독창적인 양식을 만들어 건축 및 예술 관계자들의 찬사를 받고 있다. 건축에 대한 그의 열정은 그의 전 생애를 통해 표현되었고 건축예술에 관한 침착한 비평도 '삶의 예술에 관한 격언 그 자체'라는 평가를 받고 있다. 대표적인 작품으로는 아스토르가 주교관 외에도 구엘 저택과 구엘 공원, 카사 칼베트 등이 있다. 1883년 바르셀로나의 성가족교회의 건설을 맡아 남은 생애를 바쳤으나 완성하지 못하고 죽었다.

참고자료
가우디 http://www.dakangel77.com.ne.kr/fish.html
가우디, 공간의 환상 안토니 가우디 지음 | 이종석 옮김 | 다빈치 | 2001년
꿈꾸는 건축가 안토니 가우디 안토니 가우디 지음 | 김나정 옮김 | 이룸 | 2004년

상류로 떠내려간(?) 시신

민주시민 : 우열을 가리는 것이 아니라 부족함을 채우는 사람들

오래 전 어떤 마을에 나이 든 부부가 살았습니다. 남편은 너그럽고 긍정적인 성격이었지만 아내는 언제나 심사가 뒤틀리고 꼬여 있었습니다. 누가 무슨 말을 해도 꼭 반대되는 말만 하는 습관이 있었지요.

만약 생선장수가 "오늘은 신선한 청어가 최고입니다"라고 말하면 "난 정어리 주세요"라고 말하고, 푸줏간 주인이 "오늘은 양고기가 있습니다"라고 하면 "아니요, 난 쇠고기"라고 대답했습니다. 남편은 그런 아내가 못마땅했지만 워낙 성격이 좋아서 참으며 살았습니다.

하루는 부부가 옥수수 밭으로 가려고 다리를 건너고 있었습니다. 냇물은 한 길이 넘을 정도로 깊고 물살도 빨랐습니다. 남편이 밭쪽을 보면서 말을 꺼냈습니다.

남편 옥수수가 화요일까지는 여물겠군.

아내 월요일이요.

남편 그래 월요일. 거둬들일 때까지 존과 에릭한테 도와달래야지.

아내 아뇨, 제임스와 로버트한테 부탁하세요.

남편 알았소. 제임스와 로버트에게 도와 달래서 일곱 시부터 시작하

기로 하지.

아내 여섯 시예요.

남편 그래, 여섯 시. 날씨가 좋을 거요.

아내 비가 엄청나게 올 걸요.

마침내 화가 난 남편이 소리를 질렀습니다.

"날씨가 좋든 말든 존이든 제임스든 월요일 일곱 시든 화요일 여섯 시든, 하여튼 우리는 큰 낫으로 옥수수를 베는 거요."

아내도 질세라 앙칼진 소리로 "큰 가위에요" 하고 대들었습니다.

남편은 어이가 없어서 낫은 한 번 휙 휘두르면 되지만 가위로 어떻게 그 많은 옥수수를 일일이 베냐고 따져 물었습니다. 그리고 더욱 큰 소리로 "큰 낫으로 벨 거요"라고 말했습니다.

"큰 가위에요."

이번에도 그의 아내가 대꾸했습니다.

"큰 낫!"

"큰 가위!"

평소에는 별말이 없던 남편이 자기 고집을 내세우자 아내는 단단히 화가 났습니다. 앞뒤 살피지 않고 성큼성큼 걸어가던 아내는 그만 발을 헛디뎌 냇물로 떨어지고 말았습니다. 남편은 깜짝 놀라 아내를 찾았습니다. 물 속으로 사라졌던 아내가 잠깐 물 위로 떠올랐습니다. 그런데 그녀는 살려달라는 말 대신 "큰 가위…!"라고 소리쳤습니다. 다시 떠올라서도 가위를 외치더니 아주 사라져버렸습니다.

남편은 서둘러 강 하류로 내려가 보았지만 아내를 찾을 수가 없었습니다. 그때 남편의 머릿속에 한 가지 생각이 떠올랐습니다. '물에 빠진 건 냇물과 같은 방향으로 흘러가겠지. 하지만 내 아내는 틀림없이 반대로 행동했을 거야. 분명 반대쪽으로 갔을 거라고.'

과연 냇물의 상류에는 아내가 있었습니다. 비록 싸늘한 시체가 되어 있었지만 말입니다.

때로는 대화를 통해 우열을 가리려는 사람들이 있습니다. 그러나 대화는 이기고 지는 문제와 다릅니다. 대화를 통해 나 자신의 존재를 확인하고 상대방의 의견을 이해할 수 있습니다. 이 우화 속의 아내처럼 늘 반대로 말하며 자기 의견만을 내세운다면, 아무런 변화도 없고 아무런 희망도 없는 세상을 살 수밖에 없습니다. 대화를 통하여 서로 모자라는 점을 보완하겠다는 마음을 품은 사람들이 열린 시민사회의 주인입니다.

쇼팽의 열린 마음
민주시민 : 비판의 소리에 귀를 기울이는 사람들

쇼팽이 프랑스에서 활동하고 있을 때의 일입니다. 어느 날 저녁, 프랑스 예술계의 유명 인사들이 거의 다 모이는 성대한 연주회가 열렸습니다. 쇼팽의 연주는 감미로웠고 청중들은 취한 듯 홀린 듯 피아노의 선율에 빠져들었습니다.

'과연 쇼팽이야.'

예정된 곡들의 연주가 끝나자 청중들은 힘차게 '앙코르'를 외쳤습니다. 그러면서 쇼팽에게 장난기 섞인 요구를 더했습니다. 불을 끄고 악보 없이 연주해 달라는 것입니다. 그들이 요구한 곡은 공교롭게도 매우 복잡하고 자칫하면 실수하기 십상인 까다로운 곡이었습니다. 쇼팽은 연주회를 하면서 그런 요구를 받아본 적이 없었습니다. 분명 순수하게 그 곡을 듣고 싶어서가 아니고, 쇼팽이 실수를 하나 안 하나 보기 위해 일부러 주문한 것이었습니다. 그것은 거장에 대한 예의가 아니었습니다.

하지만 쇼팽은 짐짓 모른 체하며 그들의 요구에 선선히 응했습니다. 불을 끄고 악보도 없는 상태에서 쇼팽은 실수 없이 훌륭하게 연주를 마쳤습니다. 귀를 쫑긋 세우고 연주를 듣던 청중들은 연주가 끝나자 일제히 일어서서 뜨거운 박수와 환호를 보냈습니다.

"과연 쇼팽이야!"

연주회가 끝나고 프랑스 예술계의 유명한 사람들이 따로 모여 쇼팽과 이야기를 나누게 되었습니다. 쇼팽의 음악에 대해 좀더 깊이 있는 토론을 하기 위한 모임이었습니다. 모든 참석자들이 한결같이 쇼팽의 피아노 연주에 대해 찬사를 늘어놓았습니다. 기분이 좋아진 쇼팽은 어깨를 으쓱했습니다.

"뭘, 그 정도야 아무것도 아니지요."

그때 쇼팽의 맞은편에 아무 말 없이 앉아 있던 메리메라는 소설가가 불만스런 표정을 지으며 자리에서 일어나 입을 열었습니다. 그는 지금까지의 분위기를 싸늘하게 식히며 쇼팽을 아주 혹독하게 비난했습니다.

"당신은 손재주로서는 과연 세계 최고의 피아니스트가 틀림없소. 그러나 피아노 앞에 앉은 당신에게서 겸손의 미덕이 전혀 보이지 않았소. 그 엄청난 유명세에 그 화려한 솜씨가 어울려 아주 오만의 극치를 이룬 것 같았소. 그래서 듣기는 좋았지만 진정한 감동은 없었던 것 같소. 나는 당신이 기교보다 예술 혼을 보여주기 바랐소."

메리메의 이야기를 듣는 동안 쇼팽의 가슴은 방망이질쳤고 자존심은 여지없이 구겨졌습니다. 얼굴엔 참을 수 없는 분노의 빛이 역력했습니다. 그러나 쇼팽은 냉정하게 자신을 다스렸습니다. 메리메가 말을 마치자 말없이 메리메를 향하여 머리를 숙이며 고맙다는 신호를 보내고, 자기의 마음을 달래고 또 달랬습니다. 그리고 자기 자신에게 이렇게 속삭였다고 합니다.

'지금까지 나에게 저런 식으로 말한 사람은 아무도 없었다. 그런데 저 소설가는 아주 예리하게 나의 단점을 지적하고 있구나. 그의 말에는 반드시 내가 배워야 할 것이 있을 거야. 난 참아야 돼. 그의 말을 귀담아 들어야 돼.'

쇼팽은 메리메에게 주먹질 대신 고맙다는 인사를 했고 그 후로도 크고 작은 연주회에서 피아노 앞에 앉을 때마다 메리메의 충고를 떠올리며 마음을 가다듬었다고 합니다. 그리고 누구에게나 환영받는 피아노의 일인자가 되었습니다.

쇼팽에게는 자신에 대한 비판을 솔직하게 받아들이고 마음을 여는 슬기가 있었습니다. 그는 여러 사람 앞에서 비난을 당했어도 물건을 집어던지거나 주먹질을 하기 전에 치미는 화를 억제하고 생각을 했습니다. 그래서 성급한 행동을 하지 않았습니다. 스스로 옳다고 느끼는 것들로만 마음을 채우기보다 타인의 생각을 받아들일 여유 공간을 남겨두고자 애를 썼습니다.

쇼팽처럼 타인의 말을 받아들일 줄 아는 사람이 남에게도 받아들여집니다. 그리고 사람들에게 받아들여지는 사람이 세상의 중심입니다. 모두와 더불어 지혜를 모을 때 푸근하고 안정감이 있는 삶을 창조해 나갈 수 있습니다. 그런 사람들이 모인 공동체가 민주 시민사회입니다.

피아노의 시인 쇼팽

폴란드의 작곡가이자 피아니스트인 쇼팽(1810~1849)은 자유롭고 시대를 앞서나가는 독자적인 양식의 작품을 많이 남겼으며 특히, 약 200곡에 이르는 피아노곡으로 유명하다. '피아노는 내 제2의 자아이다'는 그의 말에서처럼 그는 순수하게 피아노를 사랑했고, 그 피아노를 통해서 자신의 내면을 노래하고자 했다. 피아노의 시인이라는 수식어가 붙은 것은 이러한 이유 때문일 것이다. 그의 연주법은 당시의 어떤 기법과도 다른 독특한 개성을 자랑하고 있으며 선율에는 자유를 주고 반주에는 엄격함을 추구하는 그 방식은 후세의 피아노 연주법에도 큰 영향을 끼쳤다. 주요작품으로는 '빗방울전주곡'(1839), '영웅폴로네즈'(1842)가 있다.

참고자료
벌거벗은 처칠 참교육기획 지음 | 유원 | 1999년

노자와 장자의 앙상블
민주시민 : 나부터 틀릴 수 있다고 말하는 사람들

진나라의 봉씨에게는 어려서부터 무척 총명한 아들이 있었습니다. 그런데 그 아이가 자라서 어른이 되자 이상한 병에 걸리고 말았습니다. 노래를 들으면 우는 소리라고 하고, 흰 것을 보면 검다고 하고, 향내를 맡으면 구리다고 하고, 단 것을 먹으면 쓰다고 하며, 그릇된 것을 보면 좋다고 하는 식으로 모든 것을 정반대로 생각하는 것이었습니다. 그런 아들 때문에 봉씨는 가슴이 답답해 미칠 지경이었습니다.

하루는 이웃집에 사는 사람이 찾아와 말했습니다.

"여보게, 하나밖에 없는 아들을 그냥 저렇게 내버려둘 셈인가? 노나라에는 재주가 뛰어난 사람들이 많다고 하니, 그 중에는 자네 아들의 병을 고칠 수 있는 사람이 있을지도 모르네. 한번 가서 알아보게."

봉씨는 그 길로 짐을 꾸리고는 노나라로 떠났습니다. 아들의 병을 고칠 수도 있다는 기대를 안고 걸음을 재촉하는 길에 봉씨는 우연히 노자를 만나게 됩니다. 봉씨는 노자에게 아들의 증상을 자세히 설명하면서 도대체 어떻게 하면 좋을지 가르쳐달라고 부탁했습니다. 그런

데 노자는 대수롭지 않게 대답했습니다.

"당신 아들의 생각이 잘못되었다는 것을 어떻게 아시오? 지금 세상 사람들 중에는 옳고 그른 것을 구별하지 못하고 이로움과 해로움도 분간하지 못하는 등 당신 아들과 똑같은 병에 걸린 사람들이 허다하오. 자기 생각이 틀렸다고 해서 집안 사람 전부가 틀렸다고 할 수는 없고, 한 집안 사람이 다 틀렸다고 해서 온 동네 사람들이 다 틀렸다고 볼 수는 없소. 또 한 동네 사람들의 생각이 틀렸다고 해서 온 나라 사람이 다 틀렸다고는 볼 수 없고, 한 나라 백성들의 생각이 틀렸다고 해서 온 천하가 다 틀렸다고 할 수도 없는 것이오. 온 천하가 다 틀린 생각을 가졌다면 누가 그것을 틀렸다고 할 수 있겠소? 예를 들어 세상의 모든 사람이 그대 아들처럼 생각하게 된다면 당신의 생각이 틀린 것이 될 것이요. 슬픔과 즐거움, 소리와 색, 냄새와 맛 그리고 시비를 누가 올바로 판단할 수가 있겠소? 지금 하는 내 말도 반드시 틀린 것이 아니라고 말할 수도 없는 것이오. 더구나 노나라의 군자들은 틀려도 이만저만 틀린 게 아닌데 어찌 남의 틀린 것을 바로잡아줄 수 있단 말이오? 당신은 오던 길로 다시 돌아가는 것이 나을 것이오."

도대체 옳다든가 틀리다든가 하는 것의 기준은 무엇일까? 장자 역시 이렇게 묻고 있습니다.

"사람이 습기 찬 곳에서 자면 허리에 병이 나게 된다. 그런데 미꾸라지도 그런가? 사람은 높은 나무 위에 올라가면 두려워하는데 원숭이도 그런가? 사람은 소나 돼지를 잡아먹고, 고라니와 사슴은 부드러운 풀을 먹고, 지네는 뱀을 먹고, 솔개와 까마귀는 쥐를 좋아한다. 이

중에서 어느 것이 정말 맛있다고 할 수 있을까? 고라니는 사슴과 짝이 되고 미꾸라지는 물고기와 어울려 논다. 모든 사람이 아름답다고 여기는 미인이라도, 물고기는 그들을 보면 깊은 물 속으로 숨고, 새는 높이 날아가 버리고, 또 고라니와 사슴은 도망치기에 바쁘다. 그렇다면 이들 중에서 어떤 것이 가장 아름답다고 할 수 있을까?"

이 세상에는 셀 수 없이 많은 종류의 사물이 있는데, 그 모두를 충족시킬 수 있는 하나의 기준은 없습니다. 그것은 사람들의 세상에서도 마찬가지입니다. 저마다 가진 입장이 다른데도 불구하고 상대방이 틀렸다 하여 비방하고 헐뜯는 것이 어찌 어리석다 하지 않겠습니까?

이에 장자는 이렇게 말합니다.

"사물은 이쪽에서 보면 모두가 저것이고, 저쪽에서 보면 모두가 이것이다. 저것은 저것의 입장에서는 분명히 알 수 없지만, 이것의 입장에서 저것을 본다면 분명한 차이를 알 수 있게 된다. 따라서 저것은 이것에서 생겨나고, 이것 또한 저것에 기인하는 것이다. 즉, 저것과 이것은 함께 생긴다는 말이다. 그래서 삶이 있으면 죽음이 있고, 죽음이 있으면 삶이 있다. 그리고 되는 것이 있으면 안 되는 것이 있고, 안 되는 것이 있으면 되는 것도 있다. 또 옳은 것이 있기에 그릇된 것이 있고, 그릇된 것이 있기에 옳은 것이 있다."

통찰력을 가지고 보면 이것이 저것이고 저것이 이것입니다. 저것에도 하나의 옳음이 있고 이것에도 하나의 옳음이 있습니다. 좀 어려운 말 같을지도 모릅니다. 하지만 간단하게 생각해 봅시다. 어떤 사람 둘

이서 숫자 6을 사이에 두고 마주보고 있습니다. A라는 사람이 "숫자 6이야"라고 하자, 맞은편의 B가 "아니야. 이건 숫자 9야"라고 대꾸합니다. 둘 중 누가 옳고 누가 그른 것일까요? 우리는 둘 다 옳다는 것을 잘 알고 있습니다. 이와 같이 같은 물건, 같은 일을 보고도 다르게 느끼고 다르게 생각할 수 있습니다. 그리고 그것은 각자의 입장에서 보면 모두 옳은 것입니다.

내가 보고 느끼는 것만이 옳은 것이라고 생각하지 않고, 타인은 나와 다르게 보고 다르게 느낄 수 있다고 인정하고 이해하는 것. 이러한 열린 마음이야 말로 민주시민에게 필요한 가장 중요한 마음입니다.

아하!

도가의 창시자 노자와 도가

중국 고대의 철학자이자 도가(道家)의 창시자인 노자는 생몰연대를 알 수 없고 그의 일생은 많은 부분 알려져 있지 않다. 그가 창시한 중국의 주요 철학인 도가는 '무위자연'을 주요 이념으로 하는데 이는 유교와 반대되는 것이다. 무위자연은 억지로 무엇인가를 하거나 예를 차리려 하지 말고 그저 삶을 있는 대로 두고 물이 위에서 흐르는 것처럼 살자는 것이다. 도가 사상의 기초는 노자가 지은 책 《노자》와 《도덕경(道德經)》이며 이후 도교, 즉 종교로도 발전하였다.

도가의 대표자 장자

중국 송대의 사람인 장자 역시 생몰연대가 정확하지 않다. 다만 맹자와 활약한 시대가 비슷한 것으로만 알려져 있다. 장자는 재상으로 나라 일을 맡아달라는 초나라 왕의 부탁에도 벼슬길에 나아가지 않고 자신의 사상대로 자연과 더불어 살았다. 그리고 10여 만 자에 이르는 저술을 완성하였다. 저서인 《장자》는 원래 52편(篇)이었다고 하는데, 현존하는 것

은 진대(晉代)의 곽상(郭象)이 다듬은 33편(내편7, 외편15, 자편11)으로, 그
중에서 내편이 원형에 가장 가깝다고 한다.

참고자료
　노자의 웃음　진현종 지음 | 웅진닷컴 | 2000년

그들은 왜 운동화를 신었을까?

민주시민 : 상대방의 입장이 되어보는 사람들

A 호텔의 총지배인은 대단한 완벽주의자입니다. 그는 모든 일에 일일이 간섭해야 직성이 풀리는 성격이었고 부하직원들이 자기가 만들어 놓은 규칙을 지키지 않을 경우에는 불같이 화를 내는 스타일이었습니다.

어느 날 그는 호텔을 순시하다가 프런트데스크의 직원들이 운동화를 신고 있는 것을 보았습니다. 그는 프런트 직원들에게 "아니, 프런트에서 운동화라니! 지금 정신이 있는 거야, 없는 거야?"라고 호통을 쳤습니다. 그리고 옆에 있던 자신의 상담역이자 친구에게 어깨를 으쓱하며 말했습니다. "저러니 내가 얼마나 힘들겠는지 자네는 이해하겠지."

하지만 상담역은 고객들에게 보이지도 않는 신발에 그토록 화를 내는 총지배인을 이해할 수 없었습니다. 점심을 함께 먹으며 그는 조심스레 이야기를 꺼냈습니다.

상담역 아까 프런트데스크에서 일하는 사람들 말이야…. 그 사람들은 하루에 여덟 시간을 꼬박 서 있어야 하는데 계속 구두를 신으라는 건 너무 가혹하지 않나?

총지배인 그게 회사방침인 걸. 프런트데스크 직원이 운동화를 신은 걸 협회 조사관이 보면 별 네 개 등급을 받을 수가 없단 말이야.

상담역 그럼 그 직원들도 회사방침인 걸 잘 알겠구먼. 그런데 왜 굳이 운동화를 신는 걸까? 뭔가 이유가 있지 않을까? 자네 성격에 걸리면 된통 깨질 걸 뻔히 알 텐데 말이야.

총지배인 이유? 이유가 어디 있어? 난 그런 건 신경 쓰고 싶지 않네. 그런 시시콜콜한 일에 시간을 낭비해야 할 이유가 없어. 그 친구들이 규칙만 지키면 될 일인데.

상담역 잠시만 시간을 내보게. 지금 나와 같이 생각해 보면 시간도 아낄 수 있지 않을까? 자네가 프런트데스크에서 일하는 사람이라고 상상해 보게. 하루 종일 서 있어야 하네. 일주일에 한 번씩 받는 교육 때마다 '회사의 목표는 모든 고객에게 온화하고 친근한 서비스를 제공하는 것이다'란 말을 귀에 못이 박이도록 듣는다네. 웬만해서는 데스크에서 벗어날 수도 없다네. 항상 만면에 미소를 띠고 오가는 사람들에게 친근한 태도를 보이자면 우선 자기 몸이 편해야 되는 것 아니겠나? 그들이 어떤 상태일지 머릿속에 그림이 보이나?

총지배인 그럼, 보이고 말고.

상담역 좋아. 이제 그들의 입장이 되어보는 걸세. 왜 운동화를 신을까?

총지배인 나라면 안 신을 것 같은데. 호텔의 얼굴, 프런트데스크 직원이잖나! 나라면 회사방침을 어길 엄두가 나지 않을 것 같은데. 도무지 이해할 수가 없다구.

상담역 흐음, 그런가? 자넨 아직도 그 사람들 입장에 서보지 않았군. 방금 '나라면'이라고 했지? 그냥 그들이 되어보게. 그리고 상황을 다시 보는 걸세. 그러지 말고, 직접 가서 물어보는 게 어떻겠나?

마침내 총지배인은 자기가 직접 프런트데스크 직원이 되어보기로 했습니다. 하루 시간을 내어 종일 프런트데스크를 지키기로 결정한 것입니다. 처음엔 규칙대로 하는 것이 왜 어려운지 도무지 이해가 되지 않았습니다. 그러나 시간이 지날수록 이상하게 온몸이 뒤틀리며 특히 허리에 심한 통증을 느끼게 되었습니다. 그는 찡그린 얼굴로 직원들에게 그 이유를 슬쩍 물어보았습니다.

"처음엔 우리도 왜 이렇게 허리가 아픈지 몰랐어요. 그런데 아마도 바닥깔개가 너무 얇아서 그런 것 같아요. 발바닥에 물집이 잡히더니, 허리까지 통증이 몰려오더라고요."

이런 상태로는 요구사항이 많은 관광객의 체크인을 도와주면서 '온화하고 친근한 미소'를 유지하기가 무척 어려웠을 것입니다. 통증을 느낄 때는 찡그린 얼굴에 미소를 지어봐야 오히려 더 어색하고 우스꽝스러워지겠지요. 직원들은 밑창이 부드럽고 두터운 운동화를 신으면 아픈 게 좀 덜하다고 말했습니다.

총지배인은 그날로 더 두텁고 푹신한 바닥깔개를 주문하여 프런트데스크에 깔아주었습니다. 그 후로 프런트 직원들은 다시 규칙에 맞는 신발을 신었고요. 뿐만 아니라 직원들은 상사가 자신들의 입장을 이해해줬다는 사실에 감사하고 신뢰를 보내게 되었습니다.

"뭐든 내 기준에 맞춰 생각하는 건 어떻게 보면 월권행위였네. 부끄럽게도 난 그게 당연하다고 여겼던 거지. 내 생각에 갇혀 다른 사람들 의견에는 완전히 귀를 막은 상태였네."

"잘 생각했네. 이제야 다른 사람의 입장에 설 수 있게 됐군!"

상담역은 진정한 대화의 의미를 깨달은 총지배인에게 격려의 말을 건넸습니다. 자기가 정한 규칙의 테두리에서 벗어나는 사람은 무조건 잘못이라고 생각하는, 고집불통의 총지배인이 어떻게 직원들의 행동을 이해할 수 있게 되었습니까? 그가 상대방의 자리에 함께 있어봤기 때문입니다.

누군가가 상식적으로 도저히 납득할 수 없는 행동을 할 때는 분명 그럴 만한 이유가 있기 마련입니다. 의사의 지시를 어기는 환자, 숙제를 하지 않은 학생, 규칙을 지키지 않는 종업원들을 보면 흔히 "저 사람 원래 그렇지 뭐" "구제불능이라고" 하는 판단으로 포기해버리곤 합니다. 그러나 포기에 앞서 그들의 입장에 서보는 여유가 필요합니다. 의사는 환자, 환자는 의사의 입장이 되어보고 교사는 학생, 학생은 교사의 입장이 되어볼 때 비로소 서로에 대한 이해와 대화가 가능해집니다. 진정한 이해를 전제한 대화를 통해 서로를 존중하고 서로의 생각에 귀 기울이는 사회를 만들어갈 수 있습니다.

대화는 단순히 목소리를 주고받는 것이 아닙니다. 서로의 생각을 주고받는 것입니다. 생각을 교환한다는 것은 내 생각이 있던 자리에 '너'의 생각을 가져다놓고, '너'의 생각이 있던 자리에 내 생각을 가져다놓는 것입니다. 그래서 양쪽 모두의 생각이 바뀌게 하는 것입니다. 하루 종일 이야기를 했는데도 아무런 변화가 없다면 진정한 대화는 없었던 것이나 마찬가지입니다.

아무리 목청을 높여 요구해도 상대방은 달라지지 않습니다. 그러나 상대방의 생각을 받아들이고 내가 먼저 달라진다면, 상대방도 달라진 나를 보고 스스로 변화의 필요성을 깨닫게 됩니다. 대화를 통해 나와 너 모두의 변화를 이끌어내는 사람들이 열린 민주주의 수호자들입니다.

참고자료
뭐라 말할 수 없을 때, 마음을 전하는 말 낸스 길마틴 지음 | 안기순 옮김 | 한언 | 2005년

낙태에 대한 찬성과 반대의 공통기반
민주시민 : 차이점보다 공통점에 더 집중하는 사람들

지난 몇 십 년간 세계의 수많은 여성단체와 종교단체 사이에서 일어난 가장 민감한 갈등은 낙태문제에 관한 것이었습니다. 낙태 찬성론자와 반대론자의 생각이 서로 너무 동떨어져 있어서, 때로는 악의에 찬 격렬한 논쟁은 물론 폭력사태까지 일어나곤 했습니다.

1992년, 낙태 찬성론자이자 인공유산 시술 병원의 원무 관리자였던 아이작슨 존스는 신문에 실린 한 논설을 보게 되었습니다. 그녀의 최대 맞수인 낙태 반대론자이자 변호사인 앤드류 푸즈더가 쓴 논설이었습니다. 이 논설에서 그는 반대론자와 찬성론자가 각자의 입장을 포기할 가능성은 없지만, 양측이 협력할 만한 공통부분이 있을 거라고 이야기했습니다. 존스는 이 사설을 읽고 고개를 끄덕였습니다. 그리고 푸즈더에게 연락을 취하여 함께 회의를 열었습니다.

이렇게 하여 탄생한 것이 미국의 '시민 실천 네트워크(CPN)'의 산하기관인 '생명과 선택을 위한 공통기반 네트워크(CGN)' 입니다. 공통기반 네트워크의 구성원들은 상대방에게 자신의 견해를 수정하거나 타협할 것을 강요하지 않습니다. 대신 모두가 동의하는 공통의 아이디어를 위해 기꺼이 협력합니다. 예를 들어, 남녀 모두의 책임감을 촉구하는 일, 남녀평등의 실현에 힘쓰는 일, 십대 임신율을 낮추는 일, 입양을 하나의 대안으로 지지하는 일, 낙태의 요인을 제거하기 위해 노력하는 일 등을 위해 힘을 합칩니다.

공통기반 네트워크 운동이 활성화되면서, 절대 가까워질 수 없는 앙숙이었던 낙태 반대론자와 찬성론자들이 서로를 조금씩 이해할 수 있게 되었습니다. 낙태 찬성론자들은 반대론자라고 해서 무조건 남성 우월주의자이거나 극도의 보수파는 아니라는 사실을 알게 되었습니다. 반대론자들은 찬성론자들 역시 낙태는 폭력적이며 바람직한 출산정책은 아니라고 인정한다는 사실을 깨달았습니다. 서로가 낙태를 반대하거나 찬성하는 타당한 이유가 있음을 인정할 수 있게 된 것입니다.

공통기반 네트워크 안에서, 그들은 자신의 가치나 신념을 포기할 필요가 없었습니다. 오직 대화를 통해 공통으로 느끼는 문제점에 대해 비폭력적이고 긍정적인 해결책을 찾았을 뿐입니다.

살다보면 많은 일에서 갈등을 겪기 마련입니다. 물론 갈등이 일어나면 마음이 괴롭기 때문에 되도록 피하고 싶을 것입니다. 하지만 갈등은 더 좋은 해결책을 찾는 과정에서 일어나는 자연스러운 일입니다. 같은 문제를 보고도 사람마다 다른 식으로 생각하기 때문입니다. 토의와 토론을 하는 와중에 갈등이 더욱 두드러지기도 하지요.

그렇다면 갈등을 어떻게 극복할 수 있을까요? 열린 대화가 그 열쇠입니다. 우선 사람들이 각자 다르게 생각할 수 있다는 사실을 이해해야 합니다. 그리고 그 생각을 존중할 줄 알아야 합니다. 격한 감정이 앞서서 상대방을 맹렬하게 비난하는 데만 온 정신을 쏟는다면 생산적인 대화는 아예 불가능해집니다.

'저 사람은 사사건건 내 의견에 반대만 하고…. 우린 공통점이 없어. 아예 상종을 하지 말아야겠다'고 생각했던 적이 있었습니까? 아무것도 하지 않으면 나아지는 것도 없습니다. 마음을 열고 대화를 통해 인정할 건 인정하고, 고수할 건 고수하면서 좀더 생산적인 방향으로 나아가도록 노력해야 합니다. 의견의 차이로 인한 약간의 진통은 공통의 관심사를 찾는 과정일 뿐입니다.

참고자료

열려라! 토의 존 K. 브릴하트 외 지음 | 강정민 옮김 | 한언 | 2004년
시민 실천 네트워크 http://www.cpn.org/topics/families/prolife.html

나는 얼마나 열린 마음으로 대화를 하고 있을까?

아래의 문항을 잘 읽고, 채점표에서 자신에게 해당되는 칸에 동그라미 표시를 합니다. 모든 항목에 대한 체크를 마친 후에는 자신의 점수를 모두 더합니다.

01. 내 친구들은 새로운 생각이 떠오르면 일단 나에게 먼저 말해보고 나의 반응에 따라 자기 생각이 바람직한 것인지 아닌지를 판단한다.

　⑤그렇다　　④그런 편이다　　③반반이다　　②아닌 편이다　　①아니다

02. 사람들이 나에게 자신의 문제를 털어놓고 이야기하면, 그들의 이야기를 끝까지 잘 들어주는 편이다.

　⑤그렇다　　④그런 편이다　　③반반이다　　②아닌 편이다　　①아니다

03. 여러 사람이 모인 곳에 가면 일단 이 사람 저 사람 옮겨 다니며 가볍게 말을 붙여보고 그 중 가장 맘에 드는 사람과 끝까지 이야기한다.

　①그렇다　　②그런 편이다　　③반반이다　　④아닌 편이다　　⑤아니다

04. 곧장 결론으로 들어가지 않고 빙빙 돌려서 말하는 사람을 만나면 답답해서 견딜 수가 없다. 나는 되도록이면 그런 사람과 만나지 않으려고 애쓴다.

　①그렇다　　②그런 편이다　　③반반이다　　④아닌 편이다　　⑤아니다

05. 나에게는 다른 사람이 던지는 농담이나 우스갯소리에 결정적인 한마디를 덧붙여주거나 잘못된 부분을 바로잡아주는 습관이 있다.

　①그렇다　　②그런 편이다　　③반반이다　　④아닌 편이다　　⑤아니다

06. 다른 사람과 이야기할 때면, 상대방의 이야기가 끝나고 내 차례가
되면 뭐라고 대꾸할지를 항상 생각한다.

　　①그렇다　②그런 편이다　③반반이다　④아닌 편이다　⑤아니다

07. 내 의견에 반대하는 사람들은 대채로 지식이 부족한 것 같다.

　　①그렇다　②그런 편이다　③반반이다　④아닌 편이다　⑤아니다

08. 많이 듣는 것보다는 많이 이야기하는 편이다.

　　①그렇다　②그런 편이다　③반반이다　④아닌 편이다　⑤아니다

09. 왜 사람들이 같은 말을 두 번 세 번씩 하는지 이해할 수가 없다.

　　①그렇다　②그런 편이다　③반반이다　④아닌 편이다　⑤아니다

10. 대화를 할 때면 상대방에게 내 생각을 받아들이게 하는 데 모든 노
력을 다한다.

　　①그렇다　②그런 편이다　③반반이다　④아닌 편이다　⑤아니다

11. 내가 상대방 말을 끝까지 잘 듣기만 해도 상대방은 내 생각을 다 알
아차리는 것 같다.

　　⑤그렇다　④그런 편이다　③반반이다　②아닌 편이다　①아니다

12. 누군가가 여러 사람들 앞에서 나를 놀리는 농담을 던지면, 나는 다
른 사람들과 더불어 아주 유쾌하게 웃어넘긴다.

　　⑤그렇다　④그런 편이다　③반반이다　②아닌 편이다　①아니다

13.남에게 부담을 주거나 남의 도움을 받는 것이 싫다. 마찬가지로 남
들이 나에게 부담을 주거나 도움을 청하는 것도 싫다.

　①그렇다　　②그런 편이다　　③반반이다　　④아닌 편이다　　⑤아니다

14. 지난 한 달 사이에 누군가로부터 두 번 이상 초대를 받았다.

　⑤그렇다　　④그런 편이다　　③반반이다　　②아닌 편이다　　①아니다

15. 나는 같은 메시지를 전할 때도 가장 슬기로운 전달 방법을 찾고자
애쓰는 편이다.

　⑤그렇다　　④그런 편이다　　③반반이다　　②아닌 편이다　　①아니다

총계 ＿＿＿＿＿

점수의 총계가 53점 이상이라면

당신은 열린 대화의 명수입니다. 상대방의 말을 주의 깊게 듣고 그의 생각이 더 옳다고 여기게 되면 자신의 생각을 과감히 버리고 더 나은 생각을 받아들일 줄 아는 사람입니다. 이런 태도가 모두를 승리자로 만드는 법입니다. 당신의 열린 마음은 살 맛 나는 세상을 만드는 활력소입니다. 그러나 지나친 타협은 자칫 거래로 흐를 때도 있습니다. 열린 대화에도 지켜야 할 기준이 있다는 사실을 기억해야 합니다.

점수의 총계가 38점 이하라면

당신은 강한 자기주장의 소유자입니다. 남에게 맞추기보다는 자신의 신념에 충실한 사람입니다. 하지만 인간은 누구나 실수를 할 수 있고, 그런 점에서 당신도 예외는 아닙니다. 그렇기 때문에 다른 사람의 의견에 귀를 기울이고 비판을 수용하려는 노력이 필요한 것입니다. 자기 생각을 반드시 납득시킬 필요가 있을 때는 보다 지혜로운 전달방법을 찾아야 합니다.

지킬 것은 지킨다 **05**

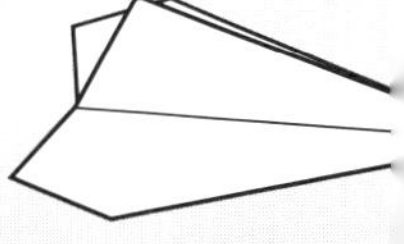

　우리는 약속, 도덕, 법, 전통 등을 지키면서 살아갑니다. 동시에 가치관, 신념, 양심, 교양, 긍지를 지켜나가고자 노력합니다. 그런 것들을 지킨다는 것은 나를 나답게 만들어 줄 뿐 아니라 나를 둘러싼 이웃들까지도 안심하고 살 수 있게 합니다. 특히 어려운 상황에서 위험을 무릅쓰고 지켜야 할 것을 지켜냈을 때는 더욱 그러합니다.

　이 가운데 특히 법은 우리가 선택할 수 있는 게 아니라 지켜야 하는 것입니다. 법을 지키기 않으면 자기 자신은 물론이고 수많은 사람들이 곤란을 겪게 됩니다. 쓰레기 분리수거를 지키지 않으면 동네 주민들이 모두 악취로 고생을 하게 되고, 불법시위로 길을 막으면 많은 사람들이 불편해지지요.

　남과의 약속, 사회적인 약속을 지키는 연습은 먼저 자기와의 약속을 지키는 것부터 시작됩니다. 무엇이 무엇보다 더 중요하다고 생각하는 자기약속이 바로 가치관입니다. 정직을 소중하게 지키겠다고 스스로 약속을 했다면, 무엇을 하건 어떤 상황에 있건 정직을 택해야 합니다. 자기에게 가장 소중한 가치를 지킬 줄 아는 사람이 사회적인 약속이나 자연환경 또는 전통문화도 잘 지킬 수 있습니다.

감히 임금의 사촌에게 포승줄을?

민주시민 : 힘보다 법을 앞세우는 사람들

조선을 세운 태조 이성계는 나라의 기강을 바로 잡기 위해 어질고 충직한 신하들을 곁에 두었습니다. 그런 신하들 중에 이래라는 사람이 있었습니다. 이래의 아버지 이존오는 고려 공민왕 때, 신돈을 처벌해야 한다고 간청을 드리다 왕의 눈 밖에 나기까지 했습니다. 이존오는 끝까지 뜻을 굽히지 않았고, 공민왕은 그를 귀양 보냈습니다. 이존오는 귀양지에서 생을 마쳤습니다.

이래는 그런 아버지를 늘 자랑스럽게 여기며 아버지를 본받아 살아가고자 했습니다. 그가 관리들의 잘못을 감시하는 최고 책임자인 대사헌으로 있을 때의 일입니다. 이백온이라는 자가 종을 살해한 죄로 벌을 받게 되었습니다. 그런데 알고 보니 그는 이성계의 사촌이었습니다. 이 사실을 알게 된 이성계는 이백온의 죄를 용서해 주겠다고 말했습니다.

그때 이래가 나섰습니다.

"전하, 이백온이 사촌이라고 해서 봐주시면 누가 나라의 법을 지키겠습니까? 나라는 법에 따라 다스려야 함이 마땅한 줄 아옵니다. 부디 이백온을 법대로 처벌하셔서 전하의 공평함을 만천하에 알리소서."

이 말을 들은 이성계는 자신의 생각이 짧았다는 것을 깨닫고 이래의 뜻에 따라 이백온을 처벌하기로 결정했습니다.

중벌을 받은 이백온이 귀양지로 떠나던 날입니다. 호위병이 법에 따라 오랏줄로 죄인의 몸을 묶으려고 다가가자 이백온이 버럭 소리를 질렀습니다.

"이 고얀 것들! 이 나라의 임금이 내 사촌 형이시니라. 후환이 두렵지도 않으냐?"

호위병이 움찔하고 망설이자 이백온이 더욱 목소리를 높였습니다.

"감히 어디다 손을 대느냐? 지금은 뭔가 잘못되어서 내 귀양을 가게 되었지만, 곧 돌아올 것이야. 그때는 네놈을 가만두지 않겠노라!"

기세등등한 이백온에게 이래가 다가갔습니다.

"당신은 국법을 어긴 죄인이오. 살인이라는 중죄를 지어 전하에게 누를 끼쳤으면서도 아직도 뉘우치지 못했단 말이오? 당신은 전하의 사촌이기 이전에 이 나라의 백성이오. 백성으로서 법을 어겼는데 어찌 감히 전하를 입에 담으시오?"

화가 나서 얼굴이 붉으락푸르락해진 이백온이 무언가 말을 하려고 하자 이래가 말을 잘랐습니다. "잔말 마시오. 얘들아, 뭣들 하느냐? 얼른 죄인을 묶지 못하고."

이 말을 전해들은 이성계는 이래가 야속하기만 했습니다. 어릴 적 같이 지낸 사촌동생을 머나먼 귀양지로 보내는 것도 마음 아픈데, 밧줄로 묶다니요.

그렇다고 이래를 벌줄 수는 없었던 이성계는 대신 호위병에게 벌을 내리기로 했습니다. 이때 이래가 다시 왕을 찾아왔습니다.

"전하, 어찌 신을 벌주지 않으시고 다른 이를 벌주십니까?"

"내 그대가 진정 야속하오. 죄를 지어 벌을 주었지만 이백온은 내 사촌동생이오. 어찌 다른 극악한 죄인들과 똑같은 취급을 한단 말이오?"

"이백온은 죄 없는 자를 살해하고 그 잘못을 뉘우치지도 않습니다. 그를 그대로 두었다면 전하의 사촌이라는 것을 방패삼아 더 큰 죄를 지었을 것이옵니다. 전하는 법에 따라 죄인을 처벌하였을 뿐이옵니다. 누구나 법을 지켜야 하고, 임금의 친척이라고 해도 봐주지 않는다는 것을 알면 백성들이 저절로 전하를 따를 것이옵니다."

임금 앞에서 두려움 없이 말하는 이래의 기세에 이성계는 더 이상 아무 말도 할 수 없었습니다. 사촌동생을 벌하는 일이 가슴 아프긴 했지만, 나라법의 지엄함을 살려 임금의 사사로운 감정을 바로잡아주려는 대쪽같은 기개에 감동했기 때문입니다.

법을 지키는 데 예외가 있을 수는 없습니다. 특히 법을 만들거나 집행하는 일에 종사하는 사람일수록 더욱 철저히 법을 존중하고 지켜야 합니다. 하지만 세상에는 법을 좀 안다고 하여 법의 허점을 이용하고 법 위에 군림하려는 사람들이 있습니다. 높은 자리에 있는 사람, 유명한 사람, 돈이 많은 사람일수록 사소한 규칙을 무시할 때가 있습니다. 안타까운 일입니다. 하지만 그런 사람들이 사회에 발을 붙일 수 없는 세상을 만들어야 합니다.

'노블리스 오블리주' 라는 말이 있습니다. 신분이 고귀할수록 솔선수범하여 자신의 의무를 다해야 한다는 뜻입니다. 그 의무 중 첫 번째가 바로 법과 규칙, 사회적 약속을 지키는 일입니다. 사회적 신분이 높고 권력이 있는 사람이라고 해서 사회적 약속을 어겨도 된다는 법은 없습니다. 보통 사람보다 무거운 벌을 받지는 못할지언정, 최소한 똑같은 벌을 받도록 해야 합니다.

흔히 우스갯소리로 법보다 더 위에 있는 것이 '떼법'이라고 말합니다. 이치에 맞지 않더라도 계속 우기면서 귀찮게 굴면 어쩔 수 없이 봐주거나 들어줄 수밖에 없을 때 이렇게 말하곤 합니다. 법을 통한 정당함이 자리 잡지 못하고, 편법이나 술수, 억지를 쓰는 사람들이 버젓이 고개를 들고 다니는 사회, 떼법이 판을 치는 사회는 썩은 사회입니다. 반면 정의로운 사회에서는 누가 누구를 봐 줄 필요도, 봐 달라고 부탁할 필요도 없습니다. 누구나 다 법을 지키며, 법 위에 있는 사람도, 법 밖에 있는 사람도 없기 때문입니다.

법을 알고 법을 이용하거나 법보다 위에 서려는 사람은 시민 사회의 가짜 주인, 적입니다. 스스로 법 아래에 들어가 법을 높이는 사람이 시민사회의 진짜 주인입니다.

참고자료
개초상에 모인 선비들(역사속의 인물 엿보기-한국편) 참교육기획 엮음 | 유원 | 1999년

"취재원을 밝히느니
차라리 내가 벌금 물고 옥살이를 하련다"

민주시민 : 사회적 약속을 저버리지 않는 사람들

1975년, 〈뉴욕 타임스〉 기자 마이런 파버는 익명의 독자로부터 한 통의 편지를 받았습니다. 뉴저지에 있는 한 병원의 외과의사가 여러 명의 환자들을 고의적으로 살해한 것 같다는 내용이었습니다. 파버는 1년이 넘게 그 의문을 추적 보도했습니다. 의사가 환자들에게 남아메리카 원주민들이 화살촉에 바르는 독을 주사하여 숨을 멈추게 했다는 충격적인 사실을 밝혀낸 것입니다. 이 보도는 사회적으로 파장을 일으켰고, 결국 수사당국은 다섯 명의 환자를 살해한 혐의로 자스 칼레비치라는 의사를 체포했습니다.

자스 칼레비치의 변호인은 파버 기자의 취재노트를 증거물로 신청했습니다. 취재노트 안에 범죄의 증거가 될 만한 내용이 있는지 없는지는 변호인에게 아무런 상관이 없었습니다. 다만 취재원을 보호하기 위해 기자가 취재노트를 법정에 내놓지 않을 거라는 점을 간파한 것입니다. 파버는 변호인의 의도를 바로 알아챘지만, 취재원과의 사회적 약속을 지키기 위해 취재노트의 제출을 거부했습니다.

법원의 명령을 정면으로 거부한 파버는 결국 오랜 공방 끝에 법정모독죄로 유죄 판결을 받았습니다. 그는 40여 일 이상을 감옥에서 지내야 했습니다. 그와 〈뉴욕 타임스〉는 각각 10만 달러의 벌금을 물어야 했고, 취재노트를 움켜쥐고 버티는 동안 계속하여 하루에 5천 달러의 벌금을 내야 한다는 선고를 받았습니다. 결국 용의자의 범죄 여부를 가리는 재판이 이상한 방향으로 변질되고 만 것입니다.

파버의 행동은 미국 사회에 큰 반향을 불러 일으켰습니다. 비밀을 보호한다는 사회적인 약속을 끝까지 지키기 위해, 자신은 혹독한 벌금과 감옥행을 감수해야 했던 파버의 기자 정신에 온 미국이 감동한 것입니다. 이윽고 1982년, 뉴저지 주지사는 파버와 〈뉴욕 타임스〉를 특별사면하여 전과기록을 없애고 벌금도 되돌려주었습니다.

한국 신문윤리실천강령에는 '취재원의 안전이 위태롭거나 부당하게 불이익을 받을 위험이 있는 경우 그 신원을 밝혀서는 안 된다'는 조항이 있습니다. 일본신문협회도 '취재원 보호는 기자의 사명이며 언론윤리 관행 중 최고의 것이다. 기자는 취재원을 보호하려다 체포·기소돼도 직업상 그 비밀을 밝혀선 안 된다'고 이야기합니다. 취재원 보호는 기자라면 반드시 지켜야 할 사회적 약속입니다. 그 보호벽이 무너지면 권력 남용이나 비리의 내부 고발자가 나올 수 없기 때문입니다.

마땅히 지켜야 할 사회적 약속을 지키는 것은 사회의 질서를 만들어가는 기본 토대입니다. 기자는 취재과정에서 정보를 제공하는 사람들과 계약서 같은 것을 작성하지 않습니다. 사실 파버가 법원의 명령에 따라 취재노트를 제출했다면 본인은 아무런 고생을 할 필요도 없었을 것입니다. 그러나 그랬다면 사회를 향한 기자들의 약속이 송두리째 무너집니다. 파버는 개인의 편안함을 버리고 사회적 약속을 지켰습니다. 그런 정신이 있기에 사람들은 진실을 말할 수 있는 용기를 얻게 되는 것입니다. 비록 벌금 물고 옥살이를 할지라도 지켜야 할 금도를 지켜나가는 사람들이 시민사회를 지탱하는 기둥들입니다.

아하!
취재원의 보호

언론매체에서 일하는 전문적인 기자들은 사건과 관계 있는 사람을 인터뷰하거나, 문헌을 찾아보는 등 여러 가지 출처를 통해 기사를 작성한다. 기자가 보도한 내용의 출처는 모두 취재원에 속하는데, 기자는 취재원의 비밀을 보장해야 한다는 암묵적인 직업윤리가 있다. 자신의 신변에 문제가 없다는 보장이 있어야 취재원이 적극적으로 도움을 주고, 기자도 자유로운 취재가 가능하기 때문이다. 다만 취재 기사의 진실성에 의혹이 제기되거나, 마이런 파버의 사례처럼 취재의 내용이 법적인 문제에 연루되어 기자에게 취재원을 밝힐 것을 요구하게 되는 경우에 '취재원의 보호'라는 개념이 문제가 된다. 언론의 자유와 공정한 재판 중 무엇이 우선인지에 대해 깊이 생각해 볼 필요가 있다.

참고자료

NorthJersey.com 1970년대 언론자유의 사례(Bergen site of '70 press freedom case) | Scott Fallon | 2005년 7월 7일
〈조선일보〉 – 만물상 '취재원 보호' | 오태진 수석논설위원 | 2005년 7월 2일
한국신문윤리위원회 신문윤리강령·신문윤리실천요강 http://www.ikpec.or.kr

"난 삼진 먹었어,
이번 주에 5천 개의 스윙을 할 거야"

민주시민 : 말이 아니라 행동으로 책임을 지는 사람들

나는 타자입니다. 지금 타석에 서서 몸을 구부리고 방망이를 다부지게 당겨 잡고 투수를 응시하고 있습니다. 순간 실패에 대한 두려움에 도망가고 싶습니다. 하지만 공이 이미 투수의 손을 떠나 나를 향해 날아오고 있습니다. 나는 이제 타석을 벗어나 누군가로 하여금 나를 대신하여 타격을 하게 할 수는 없습니다. 나에게는 방망이를 휘두를 책임이 있습니다. 내가 공을 치려하지 않는다면 나는 아웃을 선언당하고 팀은 패하게 됩니다. 그러면 나는 팀에서 벌을 받거나 쫓겨나게 됩니다. 그러나 힘껏 방망이를 휘둘렀는데도 공을 치지 못한 것은 괜찮습니다. 왜냐하면 최선을 다해 방망이를 휘두른 것이 항상 최고의 타격이 되는 것은 아니기 때문입니다.

야구선수는 힘듭니다. 가만히 있어도 숨쉬기 힘든 뜨거운 여름에도 한결같이 운동장에서 땀을 흘리고 차가운 바람에 손발이 얼 것 같은 겨울에도 훈련을 쉬지 않습니다. 하지만 나는 야구선수가 되기를 선택했습니다. 그리고 내가 야구선수라는 것은 팀 멤버로서의 책임이 있다는 것을 의미합니다. 나는 정해진 유니폼을 입고, 연습에 빠지지 않으며, 코치의 말에 잘 따르고, 시합 땐 정시에 나오고, 스포츠맨십을 발휘하여 팀을 승리로 이끌기 위해 최선의 노력을 다할 것에 동의한 것입니다.

그렇다면 책임(responsibility). 이것은 과연 무엇일까요? 책임을 진다는 말 속에는 3가지 의미가 담겨 있습니다. 책임을 지는 것은 곧 자신이 한 약속을 지키는 것입니다. 약속을 지키면 믿을 수 있고(reliability), 따라서 사람들이 나를 믿고 나에게 의존할 수 있다는 (dependability) 뜻이 내포되어 있습니다. 살다 보면 왠지 연습을 하기가 싫은 날도 있고 다른 볼 일이 생기는 날도 있습니다. 하지만 나는 그런 날도 무조건 그 일을 포기하고 어김없이 연습에 나올 것입니다. 그것이 약속을 지키는 것입니다.

그렇게 내가 팀과의 약속을 지키면 팀 동료나 코치는 내가 팀에 필요한 어떤 부분, 그러니까 수비수라든지 6번 타자 역할 같은 것을 내가 잘 해낼 수 있을 거라고 생각합니다. 내가 내 책임을 다하면 나를 신뢰하게 되는 것입니다. 물론 어떤 날은 내 컨디션이 나빠서 실수를 할 때도 있겠지만 그래도 그들은 나를 믿고 의지하는 것입니다.

물론 열심히 연습했어도 경기에서 삼진 아웃을 당할 수 있습니다. 그럴 때 투수, 방망이, 타격코치, 팀 동료, 또는 불운을 탓하는 것은 책임을 지는 것이 아닙니다. 그 대신, 나는 다음에는 좀더 잘하겠다는 결의 아래 백 번이고 천 번이고 참을성 있게(perseverance) 공을 노려보며 스윙연습을 합니다. 이것이 바로 책임을 지는 것입니다. 그런 연습의 결과가 안타로 나타날지 홈런으로 나타날지는 모르겠지만 나는 마음속으로 '열 번 찍어 안 넘어가는 나무는 없다' 라는 말을 중얼거리면서 꾸준히 연습을 합니다. 그리고 그 5천개의 스윙은 언젠가는 나에게 승리를 안겨줄 것입니다.

한 무리의 사람들이 버스를 타고 거친 산길을 가고 있었습니다. 그런데 운전기사가 앞에 놓여 있는 돌덩이를 미처 못보고 달리다 그만 버스가 길옆의 암벽을 들이받고 말았습니다. 다행히 다친 사람은 없었지만 승객들은 당황하여 웅성거렸고, 곧 운전석에 앉아 있던 운전기사가 침통한 표정으로 일어섰습니다.

"이런 산길에서 이렇게 사고를 내서 죄송합니다. 제가 부주의한 탓입니다. 제가 책임을 지고 운전을 그만 두겠습니다."

이렇게 말하고는 어딘가로 사라져버렸습니다. 여러분은 어떻게 생각하십니까? 운전기사는 정말 책임을 진 것일까요?

아닙니다. 운전기사는 책임을 진 것이 아니라 책임을 포기해 버린 것입니다. 만약 운전기사가 정말 책임을 지려면 버스가 고장났는지 확인하고 고장나지 않았다면 승객들을 다시 안전하게 목적지까지 데려다주어야 합니다. 혹시 버스가 고장이 나버렸다면 수리공을 불러와 버스를 고친 후 다시 운행을 해야 합니다.

우리는 서로 대화할 때 아무렇지도 않게 "내가 책임질게"라는 말을 합니다. 하지만 책임을 진다는 것은 실제 행동으로 잘못된 일을 제대로 마무리 짓는 것입니다. 그저 자신의 주장을 철회하거나 자신의 지위를 포기하는 것은 책임을 지는 것이 아닙니다. 물론 누구나 실수는 할 수 있습니다. 하지만 만약 그 실수를 그대로 둔 채 일을 그만 둬 버리면 결국에는 모든 것이 하나도 해결되지 않은 채 엉망진창이 되어 버릴 것입니다. 자신의 실수나 잘못을 회피하지 않고 제대로 고쳐놓기 위해 노력하는 것. 실수를 되풀이 하지 않도록 훈련하는 것. 그것이 진정 책임을 지는 것입니다. 우리는 뉴스에서 사회지도층이나 고위관리들이 뭔가 잘못된 일에 대해 책임을 지겠다고 말하고는 곧 그 자리에서 물러나는 모습을 흔히 봅니다. 그들이 물러난 다음, 제대로 그 책임을 지기 위해 무엇을 했는지에 대해서는 아무도 모릅니다. 그것은 책임을 지는 행위가 아닙니다. 책임을 다하기 싫어서 도망을 친 것입니다. 그들은 "책임을 지겠다"고 할 것이 아니라 "도망치겠다"고 해야 옳았습니다.

세상은 책임을 다하는 사람을 믿고 그에게 세상의 운전을 맡깁니다. 서로 대접하고 서로 보호하고 서로 신뢰하는 시민사회의 운전을 제대로 책임지기 위해 우리는 말이 아니라 행동으로 책임을 지는 연습을 해야 합니다.

참고자료
너는 무엇을 위해 살래? 바바라A. 루이스 지음 | 한언 | 1998년

수남이 아빠는 아들이 축구장 바깥으로 나오는 것을 보고 힘없이 고개를 숙였습니다. 아무리 철없는 아이라고 해도, 수남이는 비겁하고 정정당당하지 못했습니다. 경기 내내 반칙을 하고 심판에게 대드는 것도 모자라, 공을 독차지하고 어쩌다 다른 선수가 상대 팀에 공을 뺏기기라도 하면 마구 손가락질을 하며 비난을 해대는 것이었습니다. 결국은 퇴장명령을 받고 씩씩거리며 아빠에게 달려왔습니다.

수남이는 자리에 돌아와서도 볼멘소리를 늘어놓았습니다. "쳇, 심판이 이상해요. 왜 나한테만 계속 반칙을 주지? 아빠도 봤죠? 그리고 우리 팀 선수들은 왜 이렇게 축구를 못할까요? 맨날 지기만 하고. 시시해서 못하겠어요!"

아빠가 보기엔 수남이가 경기를 계속하겠다고 해도, 아무도 수남이를 팀원으로 받아줄 것 같지 않았습니다.

그날 밤, 수남이 아빠는 오랫동안 창고에 처박혀 있었던 장기판을 꺼냈습니다. 뽀얗게 쌓인 먼지를 털어내고, 아빠는 수남이를 불렀습니다. 아빠는 아들에게 규칙을 지키며 정정당당하게 경기하는 법을 가르치고 싶었습니다. 정말 좋은 선수란 어때야 하는지 아들이 이해할 수 있기를 바랐습니다.

게임을 시작하기 전, 아빠는 수남이에게 규칙을 이야기해 주었습니다. 수남이가 고개를 끄덕이자, 아빠는 앞으로 그 규칙을 끝까지 지켜야 한다고 말했습니다.

"일단 규칙이 정해지면, 모든 선수가 동의하지 않는 한 변할 수 없는 거야. 나나 상대방이 모두 규칙을 잘 지켜야 게임이 정말로 흥미진진해지는 법이란다. 좋은 선수는 규칙을 중요하게 여기고 중간에 멋대로 그만두지도 않아. 우리는 한 사람이 이길 때까지 하는 거야, 알았지?"

수남이 아빠는 수남이가 말을 움직일 때마다 "오, 그런 수도 있었네." "좋은 생각이야!"라며 인정해 주었습니다. 또 자신이 잘못 두었을 때는 핑계를 대는 대신 "아, 내가 미처 생각을 못했네." "이런, 실수잖아. 할 수 없지, 뭐. 규칙은 규칙이니까." 하고 말했습니다.

그날 밤, 아빠는 수남이가 눈치채지 못하게 일부러 져주었습니다. 그리고 게임에서 졌음을 깨끗하게 인정하고, 지더라도 게임의 재미를 즐기는 모습을 보여주었습니다. "정말 잘했다, 수남아. 오늘은 아빠가 도저히 안 되겠는걸! 내일 다시 한 판 어때? 내일은 아빠가 뭔가를 보여주마!" 아빠는 아들을 향해 싱긋 웃어주었습니다.

그 후 며칠 동안 수남이와 아빠는 저녁마다 장기를 두었습니다. 하루는 수남이가 연속으로 두 번이나 지고 말았습니다. 그러나 수남이는 골을 내는 대신 "아빠, 오늘은 제가 당할 수가 없네요. 멋진 승리 축하드려요!"라고 말했습니다.

수남이는 장기 실력도 많이 좋아졌지만, 무엇보다 정정당당하게 게임에 임하는 모습을 보여주기 시작했습니다. 장기뿐만 아니라 축구를 하면서도 좋은 경기를 하는 법을 터득한 것입니다. 진 것은 솔직하게 인정하고 잘한 친구는 칭찬해 주며 다음엔 더 잘하자고 격려하는 모습을 보였습니다. 모든 친구들이 수남이와 같은 팀을 하고 싶어 한 것은 당연한 일이었지요.

이기는 것보다 더 중요한 것이 있습니다. 바로 '규칙을 잘 지키는 것'입니다. 수년 전 동계 올림픽 쇼트트랙 결승전에서 미국의 오노 선수가 규칙을 위반한 사건을 모두 기억할 것입니다. 오노 선수는 금메달을 목에 걸었지만, 정정당당하지 못한 태도로 인해 그 색이 바래고 말았지요. 규칙을 어기고 이긴 사람에게는 손가락질이 돌아오지만 규칙을 지키느라 진 사람에게는 박수가 돌아옵니다.

운동경기뿐만 아니라 선거에서도 마찬가지입니다. 규칙을 어긴 선거는 무효이며, 특히 공직자를 뽑는 선거에서 선거법을 위반하면 처벌을 받습니다. 규칙을 지키지 않는 사람을 그대로 놔두면 결국 폭력이 사회를 지배하고 독재가 시작됩니다. 규칙을 지키지 않는 습관이 있는 사람에게는 관용을 베푸는 것이 아니라 교훈을 얻게 해야 합니다. 그것이 민주시민들의 약속입니다.

참고자료
도덕지능 미셸 보바 지음 | 현혜진 옮김 | 한언 | 2004년

**“처칠 수상이고 뭐고
일단 돈부터 챙기고…”**

민주시민 : 자기와의 약속을 지키는 사람들

TV는 아직 없고 라디오만 있던 시절, 어느 날 방송국에 나가 중대 발표를 하게 된 영국 수상 윈스턴 처칠이 택시를 잡았습니다. 서둘러 택시에 오르면서 처칠은 운전사에게 급히 방송국으로 가달라고 말했습니다.

그러나 운전사는 갈 수가 없다며 다른 택시를 이용하라고 말했습니다. 방송 시간이 다 돼 가는데 다른 택시를 타라는 운전사의 말에 처칠은 화가 났습니다.

“기사 양반! 급한 손님을 두고 못 간다고 하면 어떡합니까?”

그러자 그 운전사는 중요한 일이 있다며 양해를 구했습니다.

“조금 있으면 윈스턴 처칠 수상의 중대 방송이 있지 않습니까? 영국 국민이라면 누구나 수상의 연설을 들어야 하지요.”

운전사의 말에 처칠은 고개를 끄덕이며 말했습니다.

“그렇군요. 국민의 한 사람으로서 수상의 연설을 듣겠다는 거군요. 알았습니다. 다른 택시를 타도록 하죠.”

미안하다고 말하며 고개를 숙이는 운전사에게 처칠은 1파운드를 내밀었습니다.

"아니, 이게 무슨 돈입니까"

"기분이 좋아서 드리는 겁니다. 잠시 생업도 접고 대영제국 수상의 연설을 듣겠다는 국민이 있다니 반가워서 그렇습니다."

처음엔 사양을 하던 운전사는 돈을 받아들며 처칠에게 자신의 택시를 타라고 했습니다.

"태워주겠다는 겁니까?"

"물론입니다."

운전사의 대답에 처칠은 의아해졌습니다.

"여태껏 안 된다고 하더니 왜 다시 타라는 겁니까?"

"제가 거절을 했는데도 이렇게 1파운드나 주시니 죄송해서 안 되겠어요."

고맙다고 말하며 택시에 오르는 처칠에게 운전사가 말했습니다.

"처칠 수상이고 뭐고 돈부터 버는 게 먼저죠."

방송국에 도착하자 처칠은 자신의 요금을 계산 한 뒤 또 1파운드를 더 주었습니다. 1파운드를 더 받게 된 운전사는 그 연유를 물었습니다. 그러자 처칠은 이렇게 대답하며 차문을 닫았습니다.

"아까는 기분이 좋아서 주었지만, 이번엔 기분이 나빠서 주는 겁니다. 소신을 갖고 어떤 일을 하기로 했으면 제대로 끝까지 해야지 돈 때문에 소신을 버려서야 되겠소?"

이 운전사가 처칠의 중대 방송을 듣겠다고 마음먹은 것은 국민으로서의 자신의 알 권리를 위해 내린 자기와의 약속이었습니다. 그러나 그는 돈 앞에 쉽게 자신과의 약속을 깨뜨리고 말았습니다.

사람들은 종종 타인과의 약속은 중요시하면서도 정작 자신과의 약속은 소홀히 여깁니다. 타인과의 약속을 어기면 상대방에게서 즉각적인 항의나 비난 또는 보복이 돌아오지만 자신과의 약속은 어겨도 자기 외에는 아무도 모르기 때문입니다. 하지만 자기와의 약속을 어기는 것은 곧 자기를 속이는 것입니다. 타인과의 약속을 자꾸 어기는 사람은 신뢰를 잃듯이 자기와의 약속을 어기는 사람은 자신의 행동이나 결심에 자신이 없습니다. 자신의 주장을 강하게 내세우지도 못합니다.

그렇게 되면 결국 아무도 그의 의견을 존중하지 않고 그를 세심하게 배려하지 않습니다. 지킬 것은 지키는 것, 그것은 자신과의 약속부터 지키는 것을 뜻합니다.

아하!

영국의 수상 윈스턴 처칠

영국의 정치가 처칠(1874~1965)은 세계 제 2차대전 중에 노동당과의 연립내각을 이끌고 루스벨트, 스탈린과 더불어 전쟁의 최고 정책을 지도한 역사적 인물이다. 그는 야당 당수로서 국제정치상 동서양극화시대가 올 것을 예견하고 반소(反蘇) 진영의 선두에 섰으며, 1946년 미국 미주리 주에서의 연설에서 '철의장막(iron curtain)'이라는 신조어를 만들어 내기도 하였다.

그는 또 역사·전기 등의 글쓰기에도 뛰어나 여러 편의 글을 썼으며, 1953년에는 그의 저서 《제2차 세계대전》으로 노벨문학상을 수상하였다. 또한 화가로도 널리 알려져 있다.

참고자료
서양사의 에피소드 이창범 지음 | 백양출판사 | 1999년 9월

1＋3＋10＝자제력

민주시민 : 감정을 자제할 줄 아는 사람들

크리스마스를 며칠 앞둔 어느 금요일 밤, 미국 세인트루이스 공항에서 있었던 일입니다. 서양의 크리스마스는 우리나라의 설과 같기 때문에 많은 사람들이 가족을 만나기 위해 이동을 합니다. 그래서 세인트루이스 공항 역시 고향으로 가려는 수천 명의 승객들로 북적거리고 있었습니다. 쉴 새 없이 밀려드는 인파 때문에 공항은 그야말로 발 디딜 틈조차 없을 지경이었습니다. 항공회사에서는 최선을 다했지만 위낙에 사람이 많아 여러 편의 비행기 운항이 지연되고 있었습니다. 승객들은 긴 시간 기다리는 것에 지치고 신경이 날카로워지기 시작했습니다. 스치는 사람에게 특별한 이유도 없이 화를 내고 짜증을 냈습니다.

그런 사람들 속에서 아들과 함께 길고 긴 줄을 섰다가 마침내 자기 차례가 된 사나이가 예약표를 카운터에 내밀며 탑승표를 요구했습니다. 그 사나이의 옆에는 어린 아들이 지친 표정으로 서 있었습니다. 그러나 직원의 대답은 어처구니가 없었습니다.

“죄송합니다, 손님. 컴퓨터 예약시스템이 정상으로 작동하지 않아서 탑승표를 드릴 수 없습니다.”

순간 사나이의 얼굴이 뻘겋게 달아올랐고 숨이 거칠어졌습니다.

“뭐라고요? 아니, 그걸 왜 이제야 이야기하는 거요?”

예약시스템이 고장났다면 항공사는 미리 손님들에게 그 사실을 알리는 것이 옳았습니다. 그러면 굳이 긴 시간 힘들게 탑승표를 얻기 위해 고생하지 않고 다른 곳을 알아볼 수도 있었을 것입니다. 하지만 그 직원은 아무런 정신이 없는 것 같았습니다.

“이게 말이 되는 얘기요?”

사나이는 극도로 흥분해서 어쩔 줄을 몰랐습니다. 뭔가 큰일을 벌일 것 같았습니다. 사나이가 갑자기 불끈 쥔 주먹을 들어올렸습니다. 카운터 직원의 얼굴은 백지장처럼 창백해졌습니다. 그 광경을 지켜보고 있던 사람들은 일순 긴장했습니다. 그러나 그 순간 사나이는 자신을 물끄러미 쳐다보고 있는 어린 아들을 흘끗 보았습니다. 순간적으로 멈칫한 그는 직원에게 이렇게 말했습니다.

“죄송합니다. 내가 과연 이대로 후회할 짓을 할 것인가 말 것인가 생각할 시간을 주시오.”

구경꾼들은 서로를 초조하게 쳐다보았습니다. 주변엔 정적이 흘렀고 모든 시선이 그 사나이에게 모아졌습니다. 여전히 불끈 쥔 주먹을 풀지 않고 사나이는 갑자기 휙 돌아섰습니다. 그는 직원에게 등을 돌린 채 천천히 심호흡을 몇 차례 했습니다. 그런 후 카운터로 천천히 몸을 돌리면서 직원을 정면으로 응시했습니다. 그리고는 나직한 목소리로 말했습니다.

“좋소. 이제 흥분이 가라앉았소. 아무래도 좋으니 우리가 산타나에

제 시간에만 도착할 수 있게, 아들과의 약속을 지킬 수만 있도록 해주시오."

그러자 구경하던 사람들 모두가 일제히 박수를 쳤습니다. 아이도 아버지를 향해 두 손을 번쩍 들며 환하게 웃었습니다.

"우리 아빠, 멋있다!"

사람들은 그날 공항에서 긴 시간을 기다리며 서로에게 짜증내는 것, 무질서, 성급하게 날뛰는 것, 무례한 행동에 진저리가 났기 때문에 그 사나이의 자제력 있는 행동에 박수를 보낼 수밖에 없었던 것입니다.

순간적인 감정을 적절하게 조절하는 것은 쉽지 않은 일입니다. 짜증이나 화가 치밀 때 어떻게 하면 안정을 찾을 수 있을까요?

흥분한 상태에서도 자제력을 발휘할 수 있는 가장 효과적인 전략을 하나 알려드리겠습니다. 스스로 자제력을 잃고 있다는 느낌이 들 때, 이러다 무언가 큰일을 내고 말지 하는 경고음 같은 것이 들릴 때 일단 "냉정!"이라고 자신에게 한 번 말하고(1) 천천히 심호흡을 세 번 하고(3) 마지막으로 마음속으로 하나에서 열까지를 천천히 세는 것입니다(10). 바로《도덕지능》의 저자 미셸 보바가 말하는 '1+3+10=자제력' 전략입니다.

앞으로 여러분도 자신의 감정이 격해진다고 생각되면 이 방법을 사용해보세요. 그러면 훨씬 합리적이고 바른 행동을 할 수 있을 것입니다.

참고자료
　도덕지능 미셸 보바 지음 | 현혜진 옮김 | 한언 | 2004년

"이런 사람들을 원합니다"

민주시민 : 교양과 품위를 지키는 사람들

똑바로 서고,

똑바로 앉고,

똑바로 걷고,

똑바로 말하는 남자.

손톱이 길지 않고,

귓속이 깨끗하고,

구두는 빛나고,

옷차림이 단정하고,

머리도 단정히 빗고,

치아가 아름다운 남자.

들을 땐 주의 깊게 듣고,

이해가 안 되면 질문을 하고,

남의 일에 쓸데없이 끼어들지 않는 남자.

혼자 걸을 땐 휘파람도 불지만,

정숙해야 할 땐 묵묵히 있는 남자.

모든 사람에게 미소를 보이는 남자,

얼굴을 붉히지 않는 남자.

모든 사람에게 겸손하고,

부인과 소녀에게 정중한 남자.

담배를 피우지 않고,

배우려고도 하지 않는 남자.

유행어보다는 품위 있는 말을 하는 남자.

다른 남자을 괴롭히지도,

다른 남자이 자기를 괴롭히도록 놔두지도 않는 남자.

모르는 건 "모릅니다",

잘못했을 땐 "죄송합니다",

부탁을 받았을 땐 "최선을 다하겠습니다"라고 말하는 남자.

언제나 정면을 응시하고,

언제나 진실만을 말하는 남자.

언제나 좋은 책을 읽고 있는 남자.

너무 약삭빠르지 않고,

잘난 체하려고 나서지 않는 남자.

어떤 경우에도 거짓말을 하지 않고,
예의를 존중하는 남자.

많은 남자들과 친하게 지내는 남자.
여자들을 편하게 해주는 남자.

잘못을 분명히 인정하고,
자기밖에 모르는 말이나 생각을 하지 않는 남자.
어머니에게 상냥하게 말하고,
어머니의 가장 친한 친구가 되는 남자.

오가며 만나는 모든 사람들을 유쾌하게 해주는 남자.
선한 척하지도 않고,
날랜 척하지도 않고,
자기를 속이지 않으며,
건강하고, 쾌활하고, 영혼이 충만한 남자.

이런 남자은 모든 곳에서 원한다.
가족도 원하고,
학교도 원하고,
남자들도 원하고,
여자들도 원하고,
모든 사람들이 원한다.

아테네의 서약

나는 위선적인 행동이나 비굴함을 보임으로써
아테네 시에 불명예를 끼치지 않겠다.

나는 혼자 힘으로 또는 여러 동지와 함께
우리의 이상을 위해,
아테네의 신성한 것을 위해 싸우겠다.

나는 아테네의 법을 존중하고 따를 것이며,
그 법규들을 파괴하거나 따르지 않는 자에게는
법을 존중하도록 정화시키겠다.

나는 시민으로서의 의무를 다하도록
시민 의식을 발전시키겠다.

위와 같은 행동으로,
우리가 물려받은 아테네 시보다 더 아름다운 모습을
우리 후손에게 물려주겠다.

첫 번째 시는 미국의 한 신문에 난 구인광고의 일부분입니다. 아래
의 시는 아테네의 젊은이들은 17세가 되면 누구나 해야 되는 서약이
었습니다.
이들은 교양과 품위가 넘치는 삶의 지혜를 아주 잘 말해 주고 있습

니다. 남에게 존중받고 스스로 자긍심을 지키며 살기 위해서는 교양을 갖추는 일부터 연습해야 합니다. 비록 돈이 없고 지위가 높지 않아도 교양이 몸에 밴 사람은 모든 사람에게 환영 받고 신뢰를 쌓을 수 있습니다. 반대로, 돈이나 지식이 아무리 많아도 교양이 없으면 아무 소용없습니다.

옷차림은 그럴듯해 보여도 여럿이 모인 곳에서 시끄럽게 떠들거나 공공장소에서 휴대폰을 크게 받는 사람, 최고급 승용차를 몰면서 새치기를 일삼는 사람들이 많습니다. 특히 우리 주변에는 '미안합니다, 감사합니다'라는 기본적인 말조차 익히지 못한 채 어른이 된 사람, 그리고 시민으로서의 기본적인 의무와 명예가 무엇인지도 모르는 채 '시민'이 된 사람이 적지 않습니다. 교양과 질서를 지키는 행위는 나를 낮추는 일이 아닙니다. 너와 나 모두의 품위를 높이는 슬기로움입니다.

나는 지켜야 할 것들을 얼마나 잘 지키고 있을까?

아래의 문항을 잘 읽고, 채점표에서 자신에게 해당되는 칸에 동그라미 표시를 합니다. 모든 항목에 대한 체크를 마친 후에는 자신의 점수를 모두 더합니다.

01. 법이나 규칙 때문에 가고 싶은 곳에 못 가게 되거나 하고 싶은 것을 못 하게 되면 무척 화가 난다.

① 그렇다　② 그런 편이다　③ 반반이다　④ 아닌 편이다　⑤ 아니다

02. 국가원수의 권위를 지켜주는 것은 국민의 도리다. 현직 대통령을 반대하는 사람이라 해도 최대한의 경의와 깍듯한 예로써 대통령을 예우해야 한다고 생각한다.

⑤ 그렇다　④ 그런 편이다　③ 반반이다　② 아닌 편이다　① 아니다

03. 부모님이 선물해 주신 것 또는 내가 소중히 간직해 온 것들은 아무리 궁해도 팔거나 교환하지 않는다.

⑤ 그렇다　④ 그런 편이다　③ 반반이다　② 아닌 편이다　① 아니다

04. 나는 다른 사람들보다 유난히 아슬아슬하고 위태로운 행동을 좋아한다.

① 그렇다　② 그런 편이다　③ 반반이다　④ 아닌 편이다　⑤ 아니다

05. 현실을 일일이 따지는 사람보다는 그냥 어떻게 잘 되겠지 하는 맘으로 자유롭게 행동하는 친구들이 순수해 보여 좋다.

① 그렇다　② 그런 편이다　③ 반반이다　④ 아닌 편이다　⑤ 아니다

06. 남과의 약속이 소중한 것 못지않게 나 자신과의 약속도 철저히 지
켜야 한다.

⑤그렇다　④그런 편이다　③반반이다　②아닌 편이다　①아니다

07. 차도 없고 사람도 없는 한적한 곳에 신호등이 있으면 빨간불일 때
도 그냥 지나간다.

①그렇다　②그런 편이다　③반반이다　④아닌 편이다　⑤아니다

08. 가게에서 물건을 슬쩍하거나 시험 때 부정행위를 하는 친구들을 멀
리하려고 한다.

⑤그렇다　④그런 편이다　③반반이다　②아닌 편이다　①아니다

09. 화가 나면 앞뒤 재지 않고 마구 쏘아대는 경향이 있다.

①그렇다　②그런 편이다　③반반이다　④아닌 편이다　⑤아니다

10. 남들이 뭐라고 말하는 것에 신경 쓰고 싶지 않다. 사회적인 약속이
나 규칙보다는 내 방식대로 살고 싶다.

①그렇다　②그런 편이다　③반반이다　④아닌 편이다　⑤아니다

11. 법을 잘 지키는 게 오히려 손해라는 말이 있다. 그래서 법을 잘 지
키는 사람을 바보라고 놀리기도 한다. 나는 손해를 보면서까지 법
을 지키고 싶지는 않다.

①그렇다　②그런 편이다　③반반이다　④아닌 편이다　⑤아니다

12. 나는 남과 같은 길을 가는 게 싫다. 일반적인 원칙이나 관행, 법이
나 규칙은 진부하다.

①그렇다　②그런 편이다　③반반이다　④아닌 편이다　⑤아니다

13. 만약 내가 교통 경찰관이라면, 속도위반으로 잡은 운전자가 나와
가장 친한 친구라 해도 딱지를 뗄 것이다.

⑤그렇다　④그런 편이다　③반반이다　②아닌 편이다　①아니다

14. 선거에서 당선되기 위해서는 약간의 선거법 위반은 어쩔 수 없다.
당선된 후에 더 큰일을 할 것이므로 어쨌든 당선되는 것이 최우선
이다.

①그렇다　②그런 편이다　③반반이다　④아닌 편이다　⑤아니다

15. 훌륭한 전통을 보존하는 것은 나 자신의 가치를 지켜나가는 일이기
도 하다. 나는 외국인을 만나면 우리 전통문화에 대해 자세히 설명
할 수 있게 준비되어 있다.

⑤그렇다　④그런 편이다　③반반이다　②아닌 편이다　①아니다

총계 ______

점수의 총계가 53점 이상이라면

당신은 강한 준법정신의 소유자입니다. 사회적인 약속과 개인적인 약속, 스스로와 한 약속의 의미를 제대로 이해하고 있네요. 당신은 지켜야 할 것을 지키며 민주적인 질서를 잡아나가는 리더 그룹에 속해 있습니다. 그러나 거기서 만족하지 말고 더욱 고상한 정신과 가치관을 가질 수 있도록 수준 높은 자기훈련을 계속해야 합니다.

점수의 총계가 38점 이하라면

당신은 지켜야 할 것들로부터 벗어나려고 하는 경향이 있습니다. 당신은 자유를 추구하며 예리한 비판정신의 소유자일 것입니다. 법이나 규칙, 사회적인 규율과 관습 등이 부조리하게 보이기도 하겠지요. 그러나 당신의 비판이나 아이디어가 빛을 발하려면, 사회의 구성원으로서 지킬 것은 지키고 다른 사람들에게 피해를 주지 않도록 노력해야 합니다. '사회적인 길들임'에 순응하라는 말이 아닙니다. 올바른 주관을 갖되, 사회적인 약속의 의미를 잊지 말아야 한다는 것입니다.

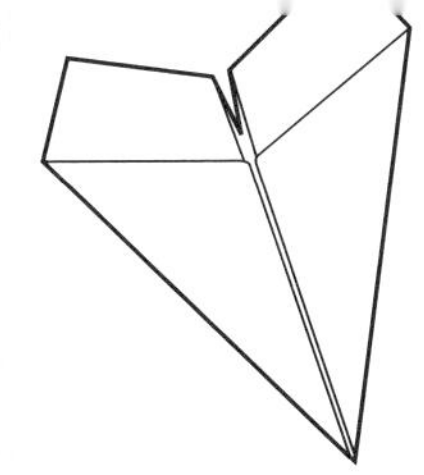

불의에 저항한다 **06**

　우리 사회에는 인간의 존엄성을 해치는 일이 비일비재합니다. 개인이 생명과 재산, 그리고 인간답게 살 권리를 빼앗길 수 있고 국가도 악의 도구로 전락할 수 있습니다. 우리는 우리가 가진 모든 힘을 동원해 독재자, 악덕기업, 침략자에게 신랄한 비판과 치열한 저항정신을 보여줄 권리와 책임이 있습니다.

　저항은 무조건적인 반대가 아닙니다. 저항에는 반드시 명분과 책임이 따릅니다. 광적인 폭력 앞에서 무모하게 정면으로 맞서는 것은 아주 위험할 수 있습니다. 그렇기 때문에 현명한 저항의 방법이 빛을 발할 수 있는 것입니다.

　폭력과 억압이 제거될 때까지, 신념이 관철될 때까지 의지를 꺾지 않고 맞서는 것이 바로 저항입니다. 잠시 반발했다가 마는 것은 단지 욕구불만의 표출에 지나지 않을 것입니다.

　하지만 싸워서 이기는 것보다는 모두가 서로 존중하고 배려하며 다 함께 인간답게 살아갈 수 있는 열린 세상을 만들어 가는 데 초점을 맞춰야 합니다.

"네가 그 악명 높은 시몬느 베이유?"

민주시민 : 약자를 편들고 함께 호흡하는 사람들

프랑스 소르본 대학의 빅토리 바슈 교수는 종이를 들고 달려오는 껑다리 여학생을 보고 미간을 찌푸렸습니다. 학생은 다짜고짜 종이를 내밀고는 서명을 해달라고 말했습니다.

"도대체 학생은 누군데 이렇게 무례한가?"

"전 고등사범학교 학생인 시몬느 베이유라고 합니다."

"아하, 자네가 그 악명 높은 시몬느 베이유?"

"교수님, 시위도 하지 않은 노동자들이 체포돼 갔어요. 그것도 노란 모자를 쓴 노동자들만 골라서 말입니다. 그래서 경찰에 항의하는 뜻을 밝히고자 학생들과 교수님들에게 서명을 받고 있습니다. 서명해 주십시오. 이 시대를 사는 지성인으로서 마땅히 해야 할 일 아닙니까?"

시몬느는 흥분하며 목소리를 높였습니다. 시몬느에게서 성명서를 건네받아 읽어나가던 바슈 교수의 얼굴이 갑자기 굳어졌습니다.

"아니 이런 버르장머리를 봤나! '학생들과 교수들'이라고? 감히 학생들의 이름을 교수 앞에 쓴단 말인가? 교수보다 학생이 위란 말이야?

고얀 것들 같으니!"

시몬느 베이유가 대학생이던 시절은 1930년대였습니다. 형식을 중요하게 생각하던 당시 프랑스 사회에서는 학생 이름이 교수보다 앞에 있는 것은 예의에 크게 어긋나는 일이었습니다. 화가 난 바슈 교수는 펄펄 뛰며 시몬느를 야단쳤습니다. 서명을 하지 않겠다는 바슈 교수에게 시몬느는 야단을 맞으면서도 끈질기게 서명을 해달라고 졸랐습니다. 마침내 교수는 '학생들과 교수들'이라는 구절을 손톱으로 살짝 찢어낸 뒤 서명을 해주었습니다. 화를 내기는 했지만 시몬느의 행동이 옳다고 생각했기 때문이었습니다.

그 후에도 시몬느는 서명이나 기부금을 받으러 종횡무진 움직였습니다. 사회운동에 열을 올리고 글을 통해 자신의 의견을 내는 일을 게을리 하지 않았습니다. 그렇다고 그녀가 무턱대고 뛰어다니기만 한 것은 아니었습니다. 이론이 뒷받침하지 못하는 행동은 지지를 받을 수 없다는 생각에 철학자들의 사상을 체계적으로 공부하는 데 많은 시간을 쏟기도 했습니다.

시몬느의 튀는 행동을 흉보는 학생들도 있었습니다. 그들의 눈에 비친 시몬느는 쓸데없는 일에 나서서 떠들어대는 이상한 사람일 뿐이었습니다.

"자기가 노동자도 아니면서 왜 자꾸 노동자를 들먹이는 거지?"

"자기가 무슨 대단한 영웅인 줄 착각하나보지? 저 거들먹거리는 꼴하고는. 학교엔 왜 온 거야? 저게 투사지 학생이야? 낄 데 안 낄 데 다 쑤시고 다니기나 하고."

하지만 시몬느는 이러한 험담에 아랑곳하지 않았습니다. 그녀는 영웅이 되려는 것이 아니라, 노동자를 억압하는 악덕기업과 그런 악덕기업을 묵인하거나 옹호하는 세력들을 그냥 놔두고 볼 수가 없었기 때문에 발버둥을 친 것입니다. 사실 시몬느는 고등사범학교를 졸업한 후 철학교수로서 안정된 생활을 누리며 학문적인 업적을 쌓아갈 수도 있었습니다. 하지만 가난으로 고통 받는 사람들을 외면할 수가 없었기 때문에 그녀는 스스로 노동자의 길을 걸었습니다. 스페인 내전에도 인민 전선의 병사로 참전했습니다. 시몬느는 억압받고 부당한 대우를 받는 자들의 편에 서서 함께 저항하기 위해 스스로 '그들' 중의 하나가 된 것입니다.

그녀는 폐결핵으로 오랫동안 고생했습니다. 그러나 노동자들이 받지 못하는 치료를 자기만 받을 수는 없다며 치료를 거부했습니다. 그러다 결국 영양실조와 폐결핵으로 서른네 살의 나이에 세상을 떠났습니다.

그녀의 몸은 연약했지만 그 작은 몸이 남긴 불꽃같은 저항의 족적은 너무나 큰 파장을 일으켰습니다. 악덕기업, 독재자, 침략자에게 대항하는 세계의 모든 양심 운동가들은 오늘도 그녀의 삶에서 진정한 저항정신을 배우고 있습니다.

우리에게 익숙하지만 옳지 않은 것들도 있습니다. 그런 것을 발견했을 때 선뜻 나서서 바로잡는 것, 그것이 바로 저항입니다. 나와 상관없는 일, 소수의 약자들을 위한 일에 나설 때, 때로는 다수의 손가락질과 조롱을 얻기도 합니다. 하지만 그러한 비웃음을 무릅쓰고 저항을 멈추지 않는 사람들도 많습니다. 여성들이 권리를 주장할 때 그 자리에는 남성 페미니스트들이 함께합니다. 흑인들이 인간답게 살 권리를 부르짖을 때 뜻을 같이하는 백인들의 저항도 거셌다고 합니다. 한국의 대학생들은 위장취업이라는 방법까지 택하면서 노동자들을 위한 운동에 뛰어들기도 했습니다.

　나의 이익을 위해서가 아니라, 정의와 신념을 위해 싸우는 것이 바로 저항입니다. 억압이나 차별, 침략 등 이기적이고 탐욕스러운 행동은 반드시 정의로운 저항에 부딪쳐 소멸하고 만다는 것을 보여줘야 합니다. 시몬느 베이유처럼 행동으로 정의를 실천하는 사람들이 참된 민주주의 시민사회를 떠받치는 기둥들입니다.

아하!

짧지만 활활 타오른 '시몬느 베이유'의 삶

1909년 2월 3일 프랑스 파리에서 태어난 시몬느 베이유는 서른넷의 젊은 나이로 세상을 뜨기까지 오로지 남을 위해서만 치열하게 살았다. 그녀는 한평생 소외된 노동자의 편에 서서 모든 것을 생각했고 그래서 고등사범학교를 졸업한 후 다른 노동자의 일자리를 빼앗는 대신 노동자들을 가르치는 일을 했다. 그 와중에도 추위에 떨고 있을 노동자들을 생각하며 자신도 불기 없는 방에서 잠들곤 했다고 한다. 그녀는 평생 자신의 몸을 돌볼 틈도 없이 사회운동과 공부에 매진했을 뿐만 아니라, 먹고 입고 자는 것 모든 것을 가장 어려운 노동자들과 함께했다. 훗날 사람들은 '시몬느 베이유에게 가장 부족했던 것은 이기심이었다'고 평가할 정도였다. 시몬느는 "이 몸과 영혼을 갈가리 찢어 당신을 위해 쓰게 하시고, 제게는 아무것도 남아 있지 않게 하옵소서"라고 기도했다.

참고자료
꺼지지 않는 불꽃 시몬느 베이유　오현종 지음 | 이룸 | 2004년
시몬느 베이유 불꽃의 여자　시몬느 뻬르트망 지음 | 까치글방 | 1978년
KBS 1 FM - 당신의 밤과 음악　'김세원의 예술노트'

"우리 취재진은
광주에 들어가는 데 성공했습니다!"

민주시민 : 왜곡된 진실을 널리 알리는 사람들

"우리 취재진은 샛길로 광주에 들어가는 데 성공했습니다! 지금 한국 광주에서는…."

1980년 5월22일 독일 제1공영 TV(ARD) 오후 8시 뉴스에서는 충격적인 화면과 함께 급하고 상기된 목소리가 흘러나왔습니다. 군사독재에 항거하는 대학생과 광주 시민들이 거리에 나와 시위하는 모습, 이를 저지하기 위해 진격한 진압군의 총칼에 죽어간 시신들의 참혹한 모습, 그 시신들 앞에서 절규하는 가족들의 모습이 화면에 흘렀습니다.

"한국을 장악한 군부는 인간으로서 도저히 상상하기 힘든 참혹한 살인행위를 저질렀습니다. 그 참상을 목격한 시민들의 분노가 화산처럼 폭발하여 시위대는 순식간에 20만 명으로 증가하였고, 그 중 3만여 명은 직접 총을 들고 시가전에 참가했습니다. 광주는 지금 전쟁터입니다."

이 충격적인 뉴스는 곧바로 유럽에서 미국으로, 그리고 전 세계에 퍼졌습니다. 선량한 시민들의 민주화 항쟁을, 불순한 세력의 조종을 받는 폭도들의 반란으로 왜곡하려던 군정부의 기만행위가 그렇게 만천하에 알려진 것입니다.

　한국의 국내 신문이나 방송은 권력을 장악한 군부의 앵무새나 마찬가지였습니다. 군부가 나눠주는 보도자료만 그대로 내보냈기 때문입니다. 실제로 무슨 일이 벌어지고 있는지 감을 잡았다 해도 서슬 퍼런 군부의 총칼에 겁먹고 모른 체하기 일쑤였습니다. 그렇기 때문에 세계 여론이 더욱 경악할 수밖에 없었습니다.

　그보다 3일 전인 5월 19일, ARD의 일본 특파원이었던 힌츠 페터가 한국으로 날아왔습니다. 일본 도쿄의 라디오 뉴스에서 흘러나오는 계엄령 선포, 광주, 군대 이동 등의 단어들을 연결하면서 상황이 심상치 않음을 직감했던 것입니다. 먼저 길 안내 겸 통역을 해줄 사람과 택시를 구한 그는, 프레스 등록도 하지 않은 채 무턱대고 광주로 달려갔습니다. 가까이 다가갈수록 상황이 생각보다 훨씬 심각하다는 사실을 체감할 수 있었습니다. 그는 ‘이곳에서 영영 빠져나가지 못할 수도 있겠는걸’ 하고 생각했습니다.

　도로마다 괴물 같은 탱크들이 질주했고, 길목마다 얼굴에 먹칠을 한 군인들이 대검을 꽂은 총을 들고 서 있었습니다. 그들은 실탄이 장전된 총을 정면으로 겨누며 푸른 눈의 이방인을 검문했습니다. 힌츠 페터는 겁에 질린 목소리로 자기는 한국의 상품을 대량 수입하는 독일계 무역회사의 주재원이라고 둘러댔습니다. 그는 회사의 고위간부가 한국의 광주로 출장을 온 이후로 소식이 끊겨 찾으러 왔다는 말로 계엄군을 속이고 광주 시내로 들어갔습니다.

　그가 본 광주의 실상은 충격과 경악 그 자체였습니다. 진압군은 여성, 어린이, 노약자 할 것 없이 눈에 보이는 모든 사람을 무조건 때리고 찌르고 발길질해댔습니다. 전남 도청과 병원에는 그렇게 맞고 찔려 형체를 알아보기 힘든 시체가 아무렇게나 버려져 있었습니다.

시민들은 카메라를 들고 위험 지역을 뛰어다니는 힌츠 페터에게 매우 우호적이었습니다. 광주 지역 이외의 사람들 가운데 그 누구도 진실을 알려 하지 않고 입에 담으려 하지 않는 상황에서, 푸른 눈의 이방인이 진실을 기록하고 그것을 누군가에게 알리기 위해 목숨을 걸고 취재하는 모습이 마음에 와 닿은 것 같았습니다.

그러는 사이 전남 도청 앞에서 총소리가 들려오기 시작했습니다. 태극기를 흔들고 함성을 지르면 '탕탕' 총소리가 들리고 누군가 태극기를 흔들면 또 총소리가 들리고 거리엔 선혈이 낭자해지고…. 이윽고 시위대들이 쳐둔 바리케이트 앞으로 탱크가 돌진하고 여기저기서 "싸우다 죽자! 모두 죽자!" 하는 절규가 들려오고….

힌츠 페터는 이를 악물었습니다. 카메라를 놀리는 손에 가속도가 붙었습니다. 그리고 서서히 광주를 빠져나갈 준비에 착수했습니다. 지금까지 보고 듣고 촬영하고 녹음한 것이면 이미 충분하다고 판단한 것입니다. 이제 더 많은 자료보다는 더 빠른 보도가 관건이라고 보았습니다.

광주에서 빠져나오는 길에 힌츠 페터는 두 번의 검문을 받았습니다. 그러나 군인들은 차 안에 총기가 있는지에만 집중하였고 깊숙이 숨겨둔 촬영 자료에 대해서는 세밀한 수색을 하지 않았습니다. 서울에 도착한 힌츠 페터는 조선호텔 앞에서 쿠키를 몇 개 사서 필름을 쿠키통에 감추고 선물처럼 위장하였습니다. 출국 심사대에는 달랑 쿠키통만 든 채였습니다. 필름은 일본 공항에서 바로 독일로 보내졌습니다.

그 후 힌츠 페터의 필름은 국내로도 반입되어 대학가에 나돌기 시작했습니다. 그리고 1980년대 한국 민주화운동의 교과서가 되었습니다. 힌츠 페터는 광주에 심상치 않은 일이 일어났음을 직감하고는 즉시 그 안으로 뛰어들었습니다. 기자다운 저항본능이었습니다. 그리고 반인륜적 만행에 대해 진실보도로써 맞섰습니다. 현장에 뛰어들어 진실을 보고, 모두가 쉬쉬하는 그 진실을 알리는 것, 힌츠 페터가 보여준 저항정신 덕분에 한낱 폭도들의 반란으로 치부될 뻔한 광주민주화운동의 진실에 세계가 주목하게 된 것입니다.

아하!

5·18광주민주화운동

1980년 5월 18일부터 27일까지 광주 시민과 전라남도민이 중심이 되어 군부에 저항한 민주화운동이다. 박정희 사망사건(12·12사태)을 계기로 권력을 잡은 전두환 보안사령관의 신군부 세력은 현 정부를 유명무실하게 하고 국민들이 요구하는 민주주의를 거부하며 권력기반을 구축해갔다. 이에 국민의 저항이 거세어지자 군부는 1980년 5월 17일 '비상계엄 전국확대조치'를 선포하고 민주주의를 외치는 사람들을 잡아들이기 시작했다. 이러한 조치들이 광주 지역을 중심으로 한 시민들의 저항에 부딪치자, 군부는 광주를 고립시키고 잔악한 학살로 시위대를 진압하려 했다. 시민들은 계엄군의 무력진압에 대응하기 위해 시민군을 체계적으로 조직했으나, 27일 새벽 계엄군의 대대적인 진압작전으로 수많은 사상자를 낸 광주민주화운동은 일단락되었다.

비록 광주민주화운동은 실패로 끝났지만, 1980년대 반독재 민주화운동의 실질적인 출발점이 되었다.

"여자들은 집에 가서 밥이나 해!"

민주시민 : 잘못된 제도를 고치기 위해 몸을 던지는 사람들

여성의 참정권을 주장하며 여성의 권리신장을 위해 평생을 걸고 싸운 수잔 B. 앤터니. 미국 1달러 동전의 모델이 되기도 한 그녀는 많은 여성들에게 영향을 미친 여권 운동가였습니다.

수잔은 여성들도 일을 하고 경제활동에 참여하는데, 남성들만 투표를 할 수 있고, 남성들만 법을 만들 수 있다는 사실에 화가 났습니다.

"이건 분명히 헌법에 어긋나는 거야. 당연히 여자도 정치에 참여할 권리가 있어!"

수잔은 여성단체를 조직하고, 여성참정권법안을 만들어 의회에 제출하는 한편 직접 몸으로 현장에 부딪히며 남성만의 투표가 부당하다는 것을 알렸습니다. 그리고 1872년, 수잔과 그의 동료들이 벼르던 대통령 선거일이 되었습니다. 그들은 투표 장소로 가서 투표를 하려고 했습니다. 당시 여성들은 투표를 할 수 없었기에 담당자들은 그들을 막았습니다.

"왜 이래요? 우리는 당신들 뒤치다꺼리나 하라는 건가요? 우리도

투표를 하겠어요."

수잔과 동료들은 소리쳤습니다.

"이 아줌마들이 왜 여기 와서 소란을 피워? 설거지는 다 하고 왔소? 원, 시간이 남는다고 별 짓을 다하는군. 얼른 집에 가서 애나 보라고!"

담당자들은 히죽거리며 그들을 밀어냈습니다.

이 때 수잔이 나서서 말했습니다.

"그래요. 우리는 이 나라를 이끌어갈 아이들을 낳는 사람들이에요. 그리고 우리는 시민의 한 사람으로서 사회를 위해 또 가정을 위해 열심히 일하고 있죠. 당신들이 대통령을 뽑는 것처럼 나도 내 손으로 직접 나의 대통령을 뽑을 권리가 있어요. 이것은 헌법에도 보장된 우리의 권리이자 의무예요. 어째서 당신들만 권리와 의무를 행사하겠다는 거죠?"

수잔은 투표소를 지키는 남성들에게 물었습니다. 잠시 담당자들은 당황하며 동요하는 것 같았습니다.

"하지만 어쩔 수 없잖소. 법이 그런 걸."

수잔과 그의 동료들이 계속 투표를 하겠다고 버티자 마침내 경찰이 왔습니다. 투표장에 나타났던 여성들은 '불법'으로 투표장에 들어왔다는 죄목으로 체포되고 말았습니다. 그리고 앞장서서 이 일을 주도했던 수잔은 재판을 받게 되었습니다.

"당신의 죄목을 아시오?"

판사가 물었습니다. 그러자 수잔은 기다렸다는 듯 답했습니다.

"물론 잘 알고 있습니다. 판사님 같은 권위적인 남성들이 노예처럼 부리던 여성들에게 주인행세를 하라고 부추긴 죄, 남자와 여자가 똑같은 권리를 가진다고 알려준 죄, 최고의 여성은 현모양처가 아니라 권리를 갖기 위해 투쟁하는 사람이라고 선동한 죄!"

판사는 너무나도 당당한 수잔의 태도에 놀라지 않을 수 없었습니다.

'법정에 서게 되는 대부분의 사람들은 주눅이 들어 말은커녕 내 얼굴도 제대로 못 쳐다보는데…. 저렇게 정면으로 나를 바라보고 게다가 눈까지 맞추면서 할 말 다 하는 사람은 처음이군.'

하지만 어쨌든 수잔은 법을 어긴 죄인이었습니다.

"알겠소. 그만하시오. 이유야 어떻게 됐든 당신은 법을 어겼어요. 100달러의 벌금을 선고합니다."

그러자 수잔은 재빠르게 대꾸했습니다.

"저는 절대로 벌금을 낼 수 없습니다. 제가 위반했다는 그 법은 없어질 것이기 때문입니다. 다시 한 번 말씀드리지만 저는 벌금을 내지 않겠습니다."

이 말을 마친 수잔은 휙 뒤돌아서더니 태연하게 법정 밖으로 걸어 나갔습니다. 서기관이 그 뒤를 쫓아 나가려고 하자 판사는 그냥 내버려 두라고 말했습니다.

수잔 B. 앤터니의 말처럼 법은 바뀌었습니다. 1890년, 워싱턴 주와 캘리포니아 주, 애리조나 주 등에서 여성의 참정권을 인정하였고, 이어서 미국 전역에서 여성도 남성처럼 투표를 할 수 있게 되었습니다.

어린이의 인권, 여성들의 참정권, 근로자들의 노동 3권, 노인들이 보호받을 권리…. 이런 것은 처음부터 인정된 것이 아니었습니다. 물론 지금 우리는 아이들에게 마구 욕설을 퍼붓거나 때리는 것이 어린이들의 인권을 무시하는 처사라는 걸 잘 알고 있습니다. 하지만 '인권'이 다른 무엇보다 소중한 것이라는 인식이 자리를 잡게 되기까지는 이것을 위해 싸워온 많은 사람들이 있었습니다. 시민정신은 소외받는 이들을 위해, 누군가를 학대하는 것이 부당함을 알리기 위해, 뛰어들고 몸을 던지며 저항을 하는 것입니다. 이렇게 뛰어드는 사람들이 있었기에, 참여하고, 자기의 의견을 밝히고, 저항하는 사람들이 있었기에 오늘날 우리는 이만큼의 권리를 갖게 된 것입니다. 그리고 아직 보호받지 못하는 권리도 많습니다. 아직도 갈 길이 멉니다. 더 나은 사회를 이루기 위해 우리는 참여하고 주장하고 저항해야 합니다.

아하!

여권 신장의 대모, 수잔 B 앤터니

지금에 와서야 무척이나 당연한 일들이 되었지만, 알고 보면 여성이 투표권을 가지게 된 지, 채 100년이 지나지 않았다. 여성의 참정권이 미국 헌법으로 보장되게 된 것이 겨우 1920년의 일이니 말이다. 수잔 B. 앤터니는 여성의 독자적인 재산권, 참정권을 보장받기 위해 일생을 바쳤던 미국 여성이다.

투표권, 재산권은 고사하고 나눗셈조차 여학생들에게는 가르쳐 주지 않던 시절, 여자들은 조신하게 자라 시집을 잘 가면 그만이다는 생각이 팽배했던 시절, 앤터니는 당당하게 여성의 권리를 주장했다. 퀘이커 교도의 집안에서 태어나 비교적 평등한 대우를 받고 자랐던 앤터니는 동지 엘리자베스를 만나 강연회, 서명운동 등을 통해 여성의 권리를 찾는 데 온 열정을 받쳤다. 그리고 그러한 노력이 결실을 맺어 당당하게 여성참정권을 얻을 수 있었다.

참고자료
　　수잔 B. 앤터니　박정희 지음 | 김주리 그림 | 아이세움 | 2001

"앞 줄 검둥이 다 일어서!" VS "못 해"

민주시민 : 부당한 억압에 당당히 맞서는 사람들

1950년대 중반 미국 앨라배마 주의 몽고메리에서 있었던 일입니다. 당시 그 지역주민의 대다수는 흑인이었습니다. 그러나 오랫동안 유지된 노예제도 때문에 흑인은 시민이 아닌 재산으로 여겨졌지요. 노예제도가 폐지된 이후에도 흑인들은 제대로 된 인간 대접을 받지 못했습니다.

그곳은 흑인구역과 백인구역을 가르는 인종분리법이 적용되고 있었고, 버스를 탈 때조차 흑인들은 앞에서 버스를 지불한 후 다시 뒤로 가서 버스를 탔습니다. 이 때 백인이 한 명이라도 서 있으면 좌석 한 줄 전부를 비워둬야 하는 모욕을 겪어야 했습니다.

몽고메리에 있는 흑인단체의 적극적인 회원이었던 로자 파크스는 1955년 12월 1일 퇴근 후 버스에 올라 뒤쪽에 있는 흑인 구역의 맨 앞 자리에 가서 앉았습니다. 버스가 여러 정류장을 지나면서 좌석들이 모두 차게 되었습니다. 그때 한 백인이 버스에 오르자 운전사가 파크스의 줄에 앉아 있던 모든 흑인 승객들에게 자리를 비우라고 했습니다. 다른 세 명은 운전수의 말에 따랐지만 더 이상 부당한 관행을 두고 보지 않기로 결심한 파크스는 그대로 앉아서 버텼습니다.

운전수는 그녀를 신고했고, 경찰은 그녀를 체포하고 인종분리법을 위반한 죄로 고소했습니다. 이대로 당할 수는 없다고 생각한 흑인단체들은 버스 보이콧(불매) 운동을 펼쳐 로자 파크스를 지지하기로 했습니다. 보이콧 첫날인 1955년 12월 5일, 60% 정도로 예상했던 지지율은 뜻밖에도 거의 100%에 가까웠습니다.

하지만 재판부는 인종분리법에 불복한 파크스에게 유죄판결을 내렸습니다. 담당 변호사는 이 사건을 미연방법원으로 가지고 가 버스 인종분리가 부당하다고 호소했습니다. 일년이 넘는 기간 동안 몽고메리의 흑인들은 버스 타기를 거부했습니다. 이들은 카풀(자동차 함께 타기 운동)을 조직하거나 걸어서 출퇴근했습니다.

몽고메리 시 당국은 보이콧 지도자 100명을 기소하고, 많은 이들을 감옥에 보냈습니다. 일부 백인 우월주의자들은 폭력을 쓰기도 했습니다. 그러나 보이콧을 시작한 지 2개월 만에 65%의 수입 손실을 입은 버스 회사는, 더 이상 인종분리제를 시행하지 않겠다고 발표했습니다. 마침내 1956년 12월 20일, 보이콧을 시작한 지 일년 만에 인종분리법은 위헌이라고 명시한 법원명령서가 작성되었습니다. 보이콧은 막을 내리고 버스는 더 이상 인종을 차별하지 않게 되었습니다.

힘을 합쳐 조직적으로 움직이는 힘이 있을 때 저항운동은 원하는 결과를 얻어내기가 쉬워집니다. 같은 미국 땅에 살면서 흑인들은 오랜 세월 동안 이방인으로서 차별을 당했습니다. 백인들의 폭력에 대항한 흑인들은 고문을 당하거나 감옥에 갔습니다. 목숨을 잃은 사람

들도 많았습니다. 그러나 멈출 수는 없었습니다. 그들의 희생은 결코
무의미하지 않았습니다. 저항의 목적이 위대했기 때문에 모든 것을
걸고 끝까지 저항했던 것입니다.

인간답게 살 권리를 말살하는 악법에는 불같은 저항운동을 일으켜
야 합니다. 자기만 편하게 살겠다고 권력의 편에 서고 야합하는 것은
죄악입니다. 시위에도 참가하고, 글도 쓰고, 불매운동을 전개하고, 때
로는 계란도 던져야 합니다. 아직도 세상에는 부당한 차별과 인권의
유린이 난무합니다. 부당한 제도를 뜯어고치기 위해 필요할 땐 언제
라도 행동에 나서는 사람들이 필요합니다.

아하!

흑백분리주의의 종지부, 몽고메리 버스 보이콧

흑백 분리주의에 항거해 1955년 12월부터 이듬해 11월 13일까지 미국
앨라배마 주 몽고메리에서 일어난 흑인들의 대규모 흑백차별 철폐운동
이다. 사건의 발단은 1955년 12월 1일 파크스라는 흑인 할머니가 시내
버스의 백인 좌석에 앉았다가 백인 승객에게 자리를 양보하지 않아 '시
내버스에서 흑백 분리'를 규정한 몽고메리 시의 법을 위반했다는 죄목
으로 체포되면서 비롯되었다.

이에 흑인들은 버스승차 보이콧에 들어갔다. 흑인들은 통근을 할 때는
카풀을 하거나 아예 걸어 다녔다. 곧 흑인들은 직장을 잃거나 해고 위
협을 받았고, 카풀제를 자원한 운전자들은 면허증이 말소되거나 보험
이 취소되는 등 갖은 불이익을 받았다. 그러나 보이콧은 더욱 활기차게
진행되었고 결국 1956년 6월 연방지방법원에 이어 같은 해 12월 대법
원에서도 시 당국의 행위가 위헌이라는 판결이 나자 보이콧은 종결되
었다. 이 사건의 승리를 계기로 미국 남부지역에서도 흑인들의 조직적
인 시위가 일어나기 시작하였는데, 그 뒤에 일어난 모든 흑인 시위 역

시 이 사건을 본보기로 했다는 점에서 미국 흑인운동사에서 차지하는 비중이 크다.

참고자료

두산 백과사전

나에게는 꿈이 있습니다 클레이본 카슨 지음 | 이순희 옮김 | 바다출판사 | 2000년

미덕의 책2 윌리엄 버네트 지음 | 최홍규 옮김 | 평단문화사 | 1994년

호세 리잘, 그가 돌아서서 총을 맞은 이유

민주시민 : 침략자에게 굴복하지 않는 사람들

필리핀 마닐라 시내 한가운데에는 스페인 군대가 쌓은 성벽이 있습니다. 스페인 군대는 그 성벽 안쪽에 작은 도시를 만들어 식민지 통치자들과 군대가 살 수 있게 했습니다. 그 안에 있는 산티아고 요새는 스페인 군대의 본부가 있던 곳이며 필리핀의 국민영웅 호세 리잘을 잡아 가두었다가 처형한 곳입니다.

요새의 잔디밭 맞은편에는 호세 리잘 기념관이 있고, 그 안에 리잘의 시 '마지막 작별(Mi Ultimo Adios)' 원본과 민용태 시인이 한글로 번역하여 기증한 동판이 있습니다. 이 시는 리잘이 처형되기 전날, 마지막으로 면회 온 사람이 꼬깃꼬깃 접은 쪽지를 알코올램프에 감춰서 밖으로 들고 나왔기에 오늘날에도 읽을 수 있게 된 것입니다. 필리핀 국민들은 그 면회자가 간수에게 들키지 않은 것을 크나큰 다행으로 여기고 있습니다.

국내외를 오가며 독립운동을 하던 리잘은 서른다섯 살이던 1886년에 '필리핀 민족동맹(La Liga Filipina)'이라는 비밀조직을 결성했습니

다. 이 조직은 필리핀 군도 전체를 탄탄하게 하나로 통합하겠다는 목
적을 가지고 있었습니다. 그러나 필리핀 민족동맹이 결성된 지 3일 만
에 리잘이 체포되면서 이 조직은 활동할 기회를 얻지 못했습니다.

1886년 11월 26일, 호세 리잘은 반역죄, 폭동주동, 불법조직 결성
등의 죄로 군법회의에 회부되었으며 12월 30일에 총살되었습니다. 그
는 돌아서서 총을 맞았다고 합니다. 죽는 순간에도 스페인 점령군에
게 무릎을 꿇지 않기 위해서.

산티아고 요새 안에 있는 감옥 앞의 길바닥에는 사람의 발자국이
박혀 있는데, 그것은 호세 리잘이 감방에서 사형장까지 걸어간 발자
국이라고 합니다. 필리핀의 젊은이들은 그 발자국을 따라 걸으면서
리잘의 정신을 이어받겠노라고 다짐하곤 합니다.

리잘은 힘으로는 침략자들을 이기지 못했습니다. 그러나 그들에게
굴복하지 않았습니다. 오히려 침략자들의 기를 꺾는 데 성공했습니
다. 저항은 힘으로만 하는 것이 아닙니다. 중요한 것은 침략자와 독재
자, 악덕기업을 그냥 놔두지 않겠다는 마음속의 굳은 결의입니다.

마지막 작별
잘 있어라 내 사랑하는 조국이여
태양이 감싸주는 동방의 진주여
잃어버린 에덴이여
나의 슬프고 눈물진 이 생명을
너를 위해 바치리니
이제 내 생명이 더 밝아지고 새로워지리니

나의 생명 마지막 순간까지 너 위해 즐겁게 바치리

형제들이여, 그대들은 한 올의 괴로움도

망설임도 없이 자유를 위한 투쟁에서

아낌없이 생명을 바쳤구나

월계수 백화 꽃 덮인 전나무 관이거나

교수대거나 황량한 들판인들

조국과 고향을 위해 생명을 던졌다면

그게 무슨 상관이랴

……

이제 나는 너를 떠나야 하는구나

모든 즐거움과 절실한 열망을 버리고

아 너를 위해 가슴 속에서 우러나

만세 만세를 부르노라

우리에게 돌아올 최후의 승리를 위해

나의 죽음은 값지리니

네게 생명을 이어주기 위해

조국의 하늘 아래 숨 거두어

신비로운 대지에 영원히 잠들리니

아 행복하여라

……

내 영원히 사랑하고 그리운 나라

필리핀이여

나의 마지막 작별의 말을 들어다오

그대들 모두 두고 나 이제 형장으로 가노라

내 부모, 사랑하던 이들이여

저기 노예도 수탈도 억압도

사형과 처형도 없는 곳

누구도 나의 믿음과 사랑을 사멸할 수 없는 곳

하늘나라로 나는 가노라

잘 있어라, 서러움 남아 있는

나의 조국이여…

＊이 시는 호세 리잘이 유언으로 남긴 시 '마지막 작별'의 일부입니다.

아하!

필리핀의 국민영웅, 호세 리잘

1861년 스페인이 필리핀을 점령하고 있을 때 태어난 호세 리잘은 어렸을 때부터 식민지 통치하에서 살아가는 필리핀 민족의 시대적 비극을 잘 알고 있었다. 소년 시절 큰 규모의 문예 콩쿠르에서 대상을 받은 후 계속하여 조국에 대한 사랑을 담은 시나 문학작품을 통해 표현했는데, 당연히 스페인 당국의 눈 밖에 나게 되었다. 외국 망명생활을 하며 들은 조국의 소식은 온통 침통하기 짝이 없는 것들뿐이었다. 마침내 고국으로 돌아와 비폭력·평화주의자로서 독립운동을 결심하고 '필리핀 민족동맹'이라는 독립운동 단체를 조직했으나, 단체가 결성된 지 3일 만에 스페인 군에게 붙잡혀 서른다섯의 나이에 형장의 이슬로 사라졌다. 필리핀은 스페인 통치가 끝난 이후 또 다시 일본군의 점령으로 고통을 겪다가 제2차 세계대전이 끝나면서 비로소 독립을 할 수 있게 되었다.

참고자료
비전스쿨 '강헌구칼럼' http://www.seoulvisionschool.or.kr/
jimmytour 블로그 http://blog.naver.com/jimmytour/20021496574

이문옥 감사관,
그가 양심선언을 함으로써…
민주시민 : 은폐된 비리를 고발하는 사람들

'교육실로 가라고? 거기서 뭘 하란 말인가?'

이문옥 감사관은 상부의 지시를 이해할 수가 없었습니다. 재벌의 부동산 투자현황을 조사하던 중 이문옥 감사관이 속한 감사원 2국 4과에 느닷없이 그 일을 중지하라는 상부지시가 내려졌습니다. 그리고 석 달 뒤 인사이동이 있었던 것입니다. 조사에 관여했던 담당국장은 국방대학원으로, 담당과장은 자료담당관으로, 감사반장인 이문옥 씨는 교육실로 배치를 받았습니다. 모두 감사업무와는 직접적인 관계가 없는 곳이었습니다.

1990년 봄, 감사원 2국 4과 감사반은 재벌기업들의 부동산 투자 현황을 몇 달에 걸쳐 조사하고 있었습니다. 국세청으로부터 제출받은 자료를 분석해 보니 재벌기업들의 부동산 투기 문제가 심각했습니다. 회사일과는 상관없는 부동산의 비율이 자그마치 43%였는데, 은행감독원은 1.2%라는 수치로 말도 안 되게 줄여서 발표를 했던 것입니다.

이문옥 씨를 비롯한 감사관들은 국민을 속인 은행감독원에 조치를 취해야겠다고 생각했습니다. 그런데 어느 날 갑자기 이 일에 관한 조사를 그만두라는 상부의 지시를 받게 되었습니다.

감사중단 지시에 따라 감사반은 그때까지의 조사결과를 보고서로 작성했습니다. 그리고 비업무용 부동산의 판정기준을 대폭 강화해야 한다는 등 6개항을 건의했습니다. 그러나 상부의 반응은 냉담했습니다. 기업들의 부동산 투기는 은행감독원의 공식적인 발표보다 훨씬 심각한 것이 사실이지만, 그에 관한 법률이 곧 개정될 예정이므로 다음 번 감사 자료로 쓰겠다는 것이었습니다. 이문옥 씨가 속한 감사반이 지금까지 감사했던 내용들이 아예 없었던 일로 되어버렸습니다. 재벌의 부동산 투기를 뿌리 뽑겠다고 한 정부의 약속은 거짓말이 되었습니다.

감사가 중단된 직후, 이문옥 씨는 놀라운 이야기를 듣게 되었습니다. 한창 조사가 이뤄지고 있을 때, 어떤 재벌기업의 부회장이 감사원 고위층을 직접 만나 당장 조사를 중단하라고 요구했다는 것입니다. 상부에서 감사중단 지시가 내려온 것은 그로부터 며칠 후였습니다.

'재벌이 국가보다 위에 있다니, 있을 수 없는 일이야!'

이문옥 씨는 이대로 있어서는 안 되겠다는 생각이 들었습니다. 고심 끝에 이 엄청난 사실을 국민들에게 알리기로 결심했습니다. 그는 그간의 자료를 언론기관에 넘겨주었습니다. 이 사실을 안 검찰은 이 씨에 대해 기밀누설혐의로 구속영장을 신청하였습니다.

신문들은 이 사건을 대서특필했습니다. 국가기밀도 아닌 것을, 그것도 잘못 돌아가는 세상을 바로잡기 위해 시민들이 알아야 할 것을 알린 것뿐인데 그게 왜 죄가 되느냐는 비난 여론이 빗발쳤습니다. 그러나 법원도 구속영장을 발부했습니다.

이문옥 씨가 구속되고 열흘쯤 지났을 때의 일입니다. 서울 종로5가의 경실련 사무실에 가락동 농수산물시장 상인 네 명이 찾아왔습니다. 그들은 굴비며 김, 고춧가루 등 10여 가지의 농수산물을 내놓으며 "동료상인들과 함께 마련했습니다. 이문옥 감사관 가족들에게 꼭 좀 전해주십시오"라고 부탁했습니다. 재벌들의 횡포와 그것을 감싸주는 감사원에게 분노하던 중 이문옥 감사관의 용기 있는 행동을 보며 자기들도 뭔가 해야겠다고 생각해 작은 정성을 모아 왔다는 것이었습니다.

"사실 며칠 전에 이 감사관님 집을 직접 찾아갔어요. 그런데 가족분들이 한사코 받지 않으려고 해서 헛걸음만 했지요. 이 감사관님 뜻에 따라 한 번도 선물 같은 걸 받은 적이 없다고 하시더라고요."

물품을 건네받은 경실련 관계자는 그 자리에서 이 감사관의 가족들에게 전화를 걸었습니다. 상인들의 뜻을 찬찬히 전했지만, "마땅히 할 일을 했을 뿐인 걸요. 우리보다 이 감사관의 석방을 위해 애쓰시는 분들께 전해주세요"라는 답변만이 돌아왔습니다.

감사관은 국가기관의 잘못을 찾아내 바로잡는 일을 하는 사람들입니다. 이문옥 씨는 6년여의 끈질긴 법정투쟁 끝에 무죄판결을 받고 1996년 감사원에 복직한 뒤 1999년에 정년퇴임했습니다. 내부고발을 하면 무조건 '배신자' 소리를 듣고 정부에 저항하면 '죽일 놈'이 되었던 시대에, 자신의 안위보다는 정의를 위해 양심의 소리를 외면하지 않았던 것입니다. 아직도 정부와 기업들의 부정부패에 대한 보도가 연일 끊이지 않습니다. 이문옥 씨처럼 양심의 소리를 외면하지 않는 사람들이 더욱 많은 사람들의 지지를 받고, 사회에 만연한 부정부패를 뿌리 뽑기 위해 모두가 나서야 할 것입니다.

청렴위원회, 내부고발자 탄압 법적대응

조직의 미래를 위해 조직 내부의 각종 비리와 부조리를 고발하는 내부 신고자를 '휘슬 블로어'라고 한다. 1980년대까지만 하더라도 내부고발 자는 제대로 보호받지 못하고 배신자로 낙인찍혀 사회생활을 하기 힘들 었습니다. 이에 청렴위원회는 "내부 고발로 인한 신변위협, 신분상 불이 익, 근무조건상의 차별을 받지 않도록 사회 전반에 청렴문화를 정착시 키기 위한 노력을 끊임없이 전개할 것"임을 밝혔다. 그리고 부패방지법 으로 내부고발자를 보호할 수 있도록 2007년 4월 현재 법개정이 추진되 고 있다.

참고자료

한국 브리태니커 온라인 '화제의 인물 : 세계연감 1997 : 이문옥'
http://preview.britannica.co.kr/bol/topic.asp?article_id=k97p0544
이문옥 웹사이트 http://www.moonok.com/

“여기, 세상에서 가장 잔인한
잔치가 벌어지고 있다”

민주시민 : 구조적 모순을 지적하고 비판하는 사람들

1910년대 미국은 경제적으로 어려운 처지에 놓여 있었습니다. '세계 대공황'이라 불린 이 시기에 물가는 솟아오르고 기업들은 사람들을 마구 해고했습니다. 일자리를 구하지 못해 방황하는 사람들이 거리를 메웠고 기업주들은 이런 시대를 이용해 일을 하는 자신의 직원들에게 형편없는 임금을 강요하며 횡포를 부렸습니다. 각 도시의 가정에서는 끼니를 잇기도 힘들었기 때문에 아이들도 공장이나 탄광 등에서 일을 했는데 아이들은 성인보다 훨씬 낮은 임금으로 하루 10시간 이상 노동을 해야 했습니다.

이런 시대, 스콧 니어링은 모리스런 지방의 가장 부유하고 영향력 있는 가문의 청년이었습니다. 그의 할아버지 윈필드는 모리스런 마을에 있는 석탄회사의 실질적인 관리자였고 그 석탄회사는 다른 탄광과 마찬가지로 어린아이들의 노동력을 착취하고 있었습니다. 탄광에서 캐낸 돌 가운데 쓸모없는 광석을 골라내는 작업은 13살의 아이들에게 힘든 것이었지만 아이들은 굶지 않기 위해 일을 해야 했습니다.

자기보다 훨씬 어린 아이들이 그렇게 힘든 일을 하고, 고통 받는 것에 충격을 받은 스콧은 경제학 분야 가운데 생산의 결과물을 어떻게 분배할 것인가를 연구하기로 마음먹었습니다. 자신의 환경과는 달리 약자 편에 서기로 한 것입니다. 스콧은 23세의 젊은 나이에 강단에 설 만큼 유능하고 재치 있는 경제학자가 되었고 그는 유명인사가 되었습니다. 그의 강연에는 늘 많은 사람들이 모여들었고, 대학 교수의 1년 치 월급에 해당하는 돈을 하룻밤 강연료로 받기도 했습니다. 그는 또 경제학 책도 썼는데 모두 잘 팔렸습니다.

그러던 1914년, 제 1차 세계대전이 터졌습니다. 전쟁이 벌어지자 스콧의 강연은 완전히 달라졌습니다. 이전까지는 강연 중간에 재미있는 이야기를 섞어 이야기했습니다. 그러나 이제 더 이상 스콧의 강연에서는 재미를 찾아볼 수 없었습니다. 스콧 자신이 분노했기 때문입니다.

"전쟁은 정치가들과 기업가들이 자신의 이익을 위해 벌이는 세상에서 가장 잔인한 잔치입니다. 당장 멈추어야 합니다."

그는 강연에서 소리 높여 반전을 외쳤습니다. 처음에는 미국 국민 대부분도 전쟁을 반대했습니다. 하지만 전쟁은 공장을 다시 돌아가게 했고, 실의에 빠져 있던 실업자들에게 일자리를 만들어주었습니다. 전쟁에 필요한 군수물자를 생산해야 했기 때문입니다. 그러한 경제적인 필요성 때문에 서서히 전쟁이 정의이고 전쟁에 참가하는 것이 옳은 것이라는 주장이 우세해지기 시작했습니다.

그렇게 해서 반전 운동을 하던 스콧은 결국 교수직에서 해임되고 맙니다. 늘 기업가의 도덕성을 지적했고 노동자의 고통에 관심을 기울였던 스콧은 기업가들에게는 눈엣가시였기 때문입니다. 스콧은 학교에서는 물론 사회에서도 배척당했습니다. 군 입대를 반대한다는 이

유에서였습니다. 스콧은 생계를 유지하기도 어려워졌습니다. 주 수입
원이던 책의 출판도 중지되었습니다. 미국에서 가장 유명하고 가장
바빴던 사람이, 어느 날 갑자기 무일푼 실업자가 된 것입니다.

그러나 스콧은 거기서 좌절하지 않고 시골로 가서 새로운 삶을 시
작합니다. 미국 산업주의 체제와 그 문화에 대한 저항이었습니다. 농
약을 뿌리지 않고, 자연농법으로 농사를 지으며, 육체노동을 하면서
자연주의 삶을 사람들에게 전파하기 시작했습니다. 스콧은 또 다른
행복을 발견한 것입니다. 그러면서 아내 헬렌과 함께 쓴 책이 바로 세
계적인 베스트셀러인 《조화로운 삶》입니다.

우리는 가끔 자신과는 무관한 것 같은 일, 자신에게 아무런 이익도
되지 않는 일에 뛰어들어 열심히 일하는 사람들을 보게 됩니다. 무슨
이익이 생긴다고 저런 행동을 하는지 이해가 되지 않아 고개를 갸우
뚱거리기도 합니다. 그러나 부당한 억압이나 착취 또는 폭력의 현장
에 뛰어드는 건 한 개인의 영화나 물리적인 이익을 위한 것이 아닙니
다. 타인의 불행과 고통을 나누려는 마음으로 자신의 모든 것을 던지
는 것입니다.

부유한 집안의 자제였던 스콧 니어링은 노동자들의 고통을 모른 척
할 수도 있었습니다. 그러나 그는 자본가의 아들이면서도 노동자들의
편에 서서 임금착취의 부당함을 알렸고, 공평한 분배를 주장했습니
다. 기업주들의 횡포에 저항했습니다.

그가 세상의 눈치를 보며 침묵했더라면 그는 자신이 이미 가지고
있던 안정된 기반 위에 시간적 경제적 특권을 누리며 살아갈 수도 있
었을 것입니다. 그러나 그는 사회의 구조적 모순을 적극적으로 비판

했습니다. 전쟁이 정의가 아니라는 확신이 있었기에 도저히 구경만 하고 앉아 있을 수 없었기 때문이었습니다. 결국 그가 가진 모든 것을 잃었지만 그는 후회하지 않았습니다.

살다보면, 시민들의 생명과 재산, 그리고 인간답게 살 권리를 부당하게 침해당하는 일은 언제라도 일어날 수 있습니다. 때론 국가 권력도 악의 도구로 전락할 수 있습니다. 우리는 우리가 가진 모든 힘을 동원해 독재자, 악덕기업, 침략자에게 신랄한 비판과 치열한 저항정신을 보여줄 권리와 책임이 있습니다. 필요할 때 그렇게 저항할 수 있는 사람이야말로 삶의 진실한 가치를 발견할 수 있습니다. 그런 사람들의 행동으로 우리 사회는 더 나은 방향으로 나아갈 수 있습니다.

아하!

따뜻한 경제학자 스콧 니어링

스콧 니어링은 1883년 미국 펜실베이니아의 사업가 집안에서 태어났다. 어릴 때 할아버지가 경영하는 광산에서 가난한 노동자들에 대해 배우고 깨달았다. 펜실베이니아 대학에서 교수를 하며 왕성한 저술과 강연으로 미국인들을 깨우쳤다. 그 뒤 아동 노동을 착취하는 것에 반대하는 운동을 하다 해직된 뒤 톨레도 대학에서 정치학 교수와 예술대학장을 맡았으나, 제국주의 국가들이 세계 대전을 일으킨 것에 반대하다가 또다시 해직되었다. 스코트에게 가장 힘든 시절이었던 1928년에 아내 헬렌과 만났다. 1932년 뉴욕생활을 그만두고 버몬트 시골로 들어가 살았던 스무 해를 기록한 책,《조화로운 삶》을 펴냈다.

참고자료
　세상을 깨운 소박한 자연인 니어링 부부　홍당무 지음 | 파란자전거 | 2004

레인메이커

민주시민 : 악덕기업의 횡포를 막아내는 사람들

루디는 법대를 갓 졸업해 아직 변호사 자격증도 없는 신출내기 변호사입니다. 그런 루디에게 한 의뢰인이 찾아옵니다. 창백해서 곧 쓰러질 것 같은 그녀는 자신의 아이, 도니가 백혈병으로 죽어간다고 말합니다. 하지만 기껏 열심히 보험금을 넣어두었던 보험회사는 보험금을 지급하지 않는다는 것입니다. 그 보험회사는 바로 보험회사 중에서도 엄청난 파워를 가진 그레이트 베너피트. 그 보험회사는 귀신같이 노련한 중견 변호사 레오 드루먼드를 고용해 그레이트 베너피트는 매번 교묘하게 법망을 피해 보험금 지급을 거부하는 파렴치한 조직이었습니다. 이들과의 싸움은 계란으로 바위를 치는 것처럼 무모하고, 당연히 질 것이 뻔했습니다.

그러나 루디는 이 일에 뛰어듭니다. 물론 신출내기 변호사 루디에게 이 사건은 애당초 너무나 벅찬 것이었습니다. 그러나 루디는 자신에게 맡겨진 부당한 횡포에 도망치고 싶지 않았습니다. 대기업의 횡포에 대해 눈감아 버리기보다는 직접 몸을 던지기로 한 것입니다.

사건이 진행되는 동안 백혈병으로 죽어가는 도니와도 친구가 됩니다. 이제는 단순히 의뢰인이 아니라 친구의 목숨을 살려야 한다는 절박한 심정으로 루디는 사건을 변호합니다.

재판이 시작되자 거대 기업에서는 루디에게 안정된 직장과 재산을 보장하며 회유도 했습니다. 도청을 해 루디를 곤경에 빠뜨리기도 했고, 선배 변호사들을 동원해 협박하기도 했습니다. 그러나 루디는 자신의 결심을 꺾지 않았습니다.

그리고 루디가 피나는 노력으로 찾아낸 증인들의 잇따른 증언들로 그레이트 베너피트의 감추어진 음모가 조금씩 드러나기 시작합니다. 점차 재판에서 이길 수 있겠다고 생각하는 루디에게 도니는 최후의 증언이 담긴 비디오테이프를 남기고 그만 숨을 거두고 맙니다. 눈물을 흘리고 슬퍼하는 대신 루디는 도니를 위해 최후의 재판을 준비합니다. 최후 변론의 순간, 루디는 자신의 변론 대신 도니의 모습을 담은 테이프를 배심원들에게 보여줍니다. 그리고 마침내 재판은 그레이트 베너피트의 패배로 끝납니다. 루디는 어려움에 빠진 서민들 편에 서서 사회악인 거대기업 베너피트를 상대로 싸우며 자신의 사회적 사명을 다한 것입니다.

커다란 사회적 파장이 예상되는 일에 뛰어든다는 것은 번거로운 일일 수 있습니다. 나와 나를 둘러싼 사람들이 곤란에 처할 수도 있습니다. 나와는 직접적인 관계도 없는데 내가 그 장면을 보았기 때문에 증언을 해야 할 경우, 증언에 따르는 보복이나 이리저리 불려 다니면서 진술을 해야 하는 번거로움은 사람들을 그냥 침묵하도록 만들기 쉽습니다. 특히 상대가 거대한 힘을 가진 기업인 경우에는 더욱 심합니다.

악덕기업의 횡포로 인해 누군가가 어려움을 겪고 있을 때 또는 사회적인 피해를 강요할 때 그 비리를 캐내고 막아내는 일은 나와는 무관해 보일 수 있습니다. 그러나 나도 언제 어디에서 그러한 횡포의 피해자가 될지 모릅니다. 단순한 구경꾼으로 남는 것은 결국 자신의 권리와 존재를 타인에게 맡겨버리는 것입니다. 부당한 횡포에 힘을 모아 저항하고 그것을 막아내는 것, 그것이 바로 진정한 시민정신입니다.

참고자료
레인메이커 존 그리샴 지음 | 정영목 옮김 | 시공사 | 2004년

# 나에게도 진정한 저항정신이 있을까?

아래의 문항을 잘 읽고, 채점표에서 자신에게 해당되는 칸에 동그라미 표시를 합니다. 모든 항목에 대한 체크를 마친 후에는 자신의 점수를 모두 더합니다.

01. 여럿이 둘러서서 한 아이의 돈을 빼앗으려고 겁을 주는 장면을 보면, 그들 눈에 띄지 않게 옆길로 돌아가서 경찰에 신고한다.

　⑤그렇다　④그런 편이다　③반반이다　②아닌 편이다　①아니다

02. 국가가 하는 일은 모두 국민을 위한 것이다. 그러므로 정부를 비난하거나 정부가 하는 일에 대항하려는 사람들과는 가까이 하지 않는 것이 좋다.

　①그렇다　②그런 편이다　③반반이다　④아닌 편이다　⑤아니다

03. 힘으로 나를 제압하려는 악당들에게 비겁하게 굴복하지 않고 당당하게 대항하기 위한 최소한의 호신술과 체력을 연마하고 있다.

　⑤그렇다　④그런 편이다　③반반이다　②아닌 편이다　①아니다

04. 세금을 속이는 기업, 환경을 오염시키는 기업, 근로자들을 울리는 기업, 정치인들에게 검은돈을 뿌리는 기업의 상품은 사지 않는다.

　⑤그렇다　④그런 편이다　③반반이다　②아닌 편이다　①아니다

05. 어처구니없는 뉴스 때문에 참을 수 없는 기분이 들 때가 있다. 그럴 때면 인터넷 여론마당에 나의 의견을 올리곤 한다.

　⑤그렇다　④그런 편이다　③반반이다　②아닌 편이다　①아니다

06. 인권탄압에 항의하는 촛불시위에 참가했다가 돌아오는 길에 교통
위반을 했다면 벌금을 물려서는 안 된다.
☐그렇다 ☐그런 편이다 ☐반반이다 ☐아닌 편이다 ☐아니다

07. 나와 직접적인 관계가 없는 문제에 공연히 나서서 이러쿵저러쿵하
지는 않는다.
☐그렇다 ☐그런 편이다 ☐반반이다 ☐아닌 편이다 ☐아니다

08. 만약 경찰에 쫓기는 범인이 흉기를 들고 우리 집에 들어와 가족들
을 위협한다면, 일단 그 범인이 심리적인 안정을 되찾도록 그의 마
음을 편하게 해주는 데 힘쓸 것이다.
☐그렇다 ☐그런 편이다 ☐반반이다 ☐아닌 편이다 ☐아니다

09. 망명은 자기만 살겠다고 도망치는 비겁한 행동이다. 나는 망명을
하느니 차라리 타협을 하겠다.
☐그렇다 ☐그런 편이다 ☐반반이다 ☐아닌 편이다 ☐아니다

10. 학문·사상·신체·언론의 자유를 짓밟는 자에게는 굴복할 수 없
다. 나의 모든 것을 잃게 되더라도 맞서 싸우겠다.
☐그렇다 ☐그런 편이다 ☐반반이다 ☐아닌 편이다 ☐아니다

11. 나는 시위에도 참가하고, 글도 쓰고, 때로는 계란도 던지고 싶다.
그러나 저항운동을 자기 출세의 도구로 삼으려는 사람들이 싫어서
그런 데는 아예 발을 들여놓지 않는다.

① 그렇다　　② 그런 편이다　　③ 반반이다　　④ 아닌 편이다　　⑤ 아니다

12. 몸이 약하면 정신도 약해지고 따라서 눈앞에서 설쳐대는 폭력 앞에
　　속수무책으로 굴복하게 된다. 아무리 정보화 시대라고 해도 최소한
　　의 기본적인 힘은 있어야 한다.

　　⑤ 그렇다　　④ 그런 편이다　　③ 반반이다　　② 아닌 편이다　　① 아니다

13. 폭력을 반드시 힘으로 제압해야 되는 것은 아니다. 부드럽게 감성
　　에 호소하고 진정어린 대화로도 다스릴 수 있다. 중요한 것은 폭력
　　을 내버려두지 않겠다는 나 자신의 의지다.

　　⑤ 그렇다　　④ 그런 편이다　　③ 반반이다　　② 아닌 편이다　　① 아니다

14. 힘이 모자라서 얻어맞는 한이 있더라도, 불의 앞에서는 절대 굴복
　　하지 않는다는 의지와 자존심을 가져야 한다.

　　⑤ 그렇다　　④ 그런 편이다　　③ 반반이다　　② 아닌 편이다　　① 아니다

15. 인권을 탄압하는 악법에 복종할 필요는 없다. 나는 당당히 그 법을
　　무시하고 기꺼이 처벌을 받을 것이다.

　　⑤ 그렇다　　④ 그런 편이다　　③ 반반이다　　② 아닌 편이다　　① 아니다

총계 ＿＿＿＿＿

238

점수의 총계가 53점 이상이라면

당신은 자유와 평등을 누리고 싶어 하는 사람들이 갖춰야 할 제일의 덕목, 저항의 용기를 보여주는 사람입니다. 당신의 용기가 사회를 병들지 않게 하는 방부제의 역할을 할 것입니다. 폭력배, 악덕기업, 독재자, 침략자들은 당신을 증오하게 되겠지요. 그러나 선한 이웃들은 당신을 응원하고 따를 것입니다. 하지만 너무 몰입하다가 저항을 위한 저항으로 흐르지는 않도록 경계해야 합니다.

점수의 총계가 38점 이하라면

당신의 내면에서 저항의 의지와 적응의 유혹이 서로 다투고 있습니다. 물론 무모한 저항은 파멸을 가져올 수 있기 때문에 저항이 어려울 때는 협상도 저항의 기회를 마련하는 수단이 될 수 있습니다. 힘을 기르며 때가 오기를 기다리는 것입니다. 그러나 정신적인 굴복을 경계해야 합니다. 중요한 것은 폭력과 억압, 불의, 침략에 대한 저항의 의지를 버리지 않는 것입니다.

아들아, 난 너만 보면 기분이 좋아진다

아들아, 난 너만 보면 기분이 좋아진다.

작은 실천으로 큰 물결을 일으키는 너,
'너'를 헤아리다 '나'도 행복해지는 너,
고통당하는 이웃을 위해 무엇이든 선뜻 내어주는 너,
한 사람의 큰 힘보다 많은 사람의 작은 힘을 모으는 너,
도움을 청하는 이웃을 빈손으로 돌려보내지 않는 너,
누군가가 나서야 할 일이라면 '내가 먼저' 나서는 너,
나이에 상관없이 불합리한 것에 대해 대응할 줄 아는 너,
한 표의 힘을 제대로 알고 제대로 행사하는 너,
스스로 참여하는 너,
그래서 이웃을 기분 좋게 하는 너,
아들아, 난 너만 보면 기분이 좋아진다.

함께 가기 위해 조금 기다려주는 너,
냉정하면서도 따뜻한 개인주의자인 너,
남과 보조를 맞추기 위해 한 발 물러서는 너,
나와 다르다고 하여 멀리하지 않는 너,
소수파에게도 설 자리를 내주는 너,

똘레랑스를 실천하는 너,
'너'를 인정함으로써 '나'를 자리매김하는 너,
외로운 이웃에게 말을 걸어주는 너,
넓은 아량으로 실수를 덮어주는 너,
누구든 동등한 인격체로 대해주는 너,
헤아리며 공존하는 너,
그래서 이웃을 기분 좋게 하는 너,
아들아, 난 너만 보면 기분이 좋아진다.

중요한 일에 대해선 분명한 자기주장이 있는 너,
뒷구멍에서 이러쿵저러쿵 하지 않는 너,
협박과 회유를 신념으로 이겨내는 너,
석연치 않으면 의문을 제기하는 너,
맹목적인 권위주의를 거부하는 너,
분명한 자기주장이 있는 너,
그래서 이웃을 기분 좋게 하는 너,
아들아, 난 너만 보면 기분이 좋아진다.

누구의 말이든 옳으면 받아들이는 너,
토론을 생산적으로 완결 짓는 너,
모르면 체면을 버리고 배우는 너,
우열을 가리는 것이 아니라 부족함을 채우는 너,
비판의 소리에 귀를 기울이는 너,
'나'부터 틀릴 수 있다고 말하는 너,
즐겨 상대방의 입장이 되어보는 너,
차이점보다 공통점에 더 집중하는 너,
옳으면 받아들이는 너,
그래서 이웃을 기분 좋게 하는 너,
아들아, 난 너만 보면 기분이 좋아진다.

힘보다 법을 앞세우는 너,
사회적 약속을 저버리지 않는 너,
말이 아니라 행동으로 책임을 지는 너,
게임의 규칙을 지키는 너,
자기와의 약속을 지키는 너,
감정을 자제할 줄 아는 너,
교양과 품위를 지키는 너,

지킬 건 지키는 너,
그래서 이웃을 기분 좋게 하는 너,
아들아, 난 너만 보면 기분이 좋아진다.

약자를 편들고 그들과 함께 호흡하는 너,
왜곡된 진실을 널리 알리는 너,
잘못된 제도를 고치기 위해 몸을 던지는 너,
부당한 억압에 당당히 맞서는 너,
침략자에게 굴복하지 않는 너,
은폐된 비리를 고발하는 너,
사회의 구조적 모순을 지적하고 비판하는 너,
악덕기업의 횡포를 막아내는 너,
불의에 저항하는 너,
그래서 이웃을 기분 좋게 하는 너,
아들아, 난 너만 보면 기분이 좋아진다.

저자소개 **강헌구**

장안대학교 교수이자 21세기 지구촌을 이끌어갈 청소년들에게 뜨거운 꿈을 갖게 하는 '서울비전스쿨'의 교장이다. 자신의 꿈을 실현시키는 구체적인 방법을 가르치는 비전스쿨은 현재 전국적인 네트워크를 구축함은 물론 해외 중국과 탄자니아 터키까지 그 비전을 전파하고 있다. 그가 집필한 《아들아 머뭇거리기에는 인생이 너무 짧다》 시리즈 1~4권은 이미 100만 권이 넘게 판매되었다. 이 책을 통해 청소년은 물론 성인들까지 비전의 힘과 가치를 알고 자신의 꿈을 확인하게 되었다. 현재 아들아 시리즈는 영어와 중국어로 번역되어 중국과 타이완에서도 큰 호응을 얻고 있다. 그 외, 아들아 시리즈의 워크북으로 《꿈을 현실로 만드는 미래자서전, My Life》, 《My Life for JESUS》를 집필하였으며, 《정직의 즐거움》, 《천재처럼 생각하기》 등의 책을 번역하였다.

서울비전스쿨 홈페이지 www.visionschool.or.kr

한언의 사명선언문

Since 3rd day of January, 1998

Our Mission 　－·우리는 새로운 지식을 창출, 전파하여 전 인류가 이를 공유케 함으로써 인류문화의 발전과 행복에 이바지한다.

　　　　　　　－·우리는 끊임없이 학습하는 조직으로서 자신과 조직의 발전을 위해 쉼없이 노력하며, 궁극적으로는 세계적 컨텐츠 그룹을 지향한다.

　　　　　　　－·우리는 정신적, 물질적으로 최고 수준의 복지를 실현하기 위해 노력하며, 명실공히 초일류 사원들의 집합체로서 부끄럼없이 행동한다.

Our Vision 　한언은 컨텐츠 기업의 선도적 성공모델이 된다.

저희 한언인들은 위와 같은 사명을 항상 가슴 속에 간직하고
좋은 책을 만들기 위해 최선을 다하고 있습니다.
독자 여러분의 아낌없는 충고와 격려를 부탁드립니다.
· 한언 가족 ·

HanEon's Mission statement

Our Mission 　－·We create and broadcast new knowledge for the advancement and happiness of the whole human race.

　　　　　　　－·We do our best to improve ourselves and the organization, with the ultimate goal of striving to be the best content group in the world.

　　　　　　　－·We try to realize the highest quality of welfare system in both mental and physical ways and we behave in a manner that reflects our mission as proud members of HanEon Community.

Our Vision 　HanEon will be the leading Success Model of the content group.